図解でわかる　田園回帰1％戦略

Local Economic Circulation
「循環型経済」をつくる

編著＝藤山浩
有田昭一郎
豊田知世
小菅良豪
重藤さわ子

農文協

はじめに

　現在、人口減少に悩む地方の多くの地域では、待ったなしで人口の取り戻しが求められる状況にあります。私は人口安定化[*1]を実現するためには、ＵターンやＩターンによって年間に地域の人口の１％程度の定住増（人口の取り戻し）を実現すればよいこと、そしてその定住家族を養うために地域において１％の所得増が求められることを、具体的な目標として提唱しました（『田園回帰１％戦略』農文協、2015年）。この戦略は過疎化を乗り越える具体的なシナリオとして、多くの自治体や地域で取り入れられています。

　現在、現場の住民や行政の方は、何とか地域の人口取り戻しと、そのために必要な所得増加を実現できないかと考え、日々具体策を探していることと思います。

　本書は、従来からよくある地域経済活性化の指南本のように、何か派手な工場誘致や観光振興あるいは特産品開発を行って、地域外からどんどん稼がなくてはダメだという主張はしません。地域経済が衰退してきた真の原因は、むしろ、中から外へとどんどん所得が流出しているところにあると考えています。そして、地域経済循環、つまりもっと地域の中でお金がぐるぐる回る仕組みをつくることが、地域の所得増加（取り戻し）の確実な一歩と考えているのです。

　他人様のお金を当てにする前に、まずは自分たちのお金の使い方を見直すべきではないでしょうか。よく考えてみると、昔はほとんど地域内で自給していた食料やエネルギーも、いまは大部分を地域外から買っていませんか？　それでは、特定の産業でいくら地域外から稼いだとしても、「穴の開いたバケツで水を汲む」ようなものです。

　本書では、まず、そうした地域の中から外への所得流出の構造を明らかにします。次には、どうしたら地域の所得を取り戻せるのか、域内生産を高めることのできる食料やエネルギー分野を中心に考えていきます。そして、地域経済循環を考える体制づくりや福祉なども含めた地域全体におけるお金の流れも論じていきたいと思います。最後には、今後求められる持続可能な地域社会を実現する長期的な構想についても紹介します。

　本書は、わかりやすさを優先して、図表を多く使っています。そして、基本的にひとつの事柄を見開きで説明するように編集しています。文章での説明を長々と展開することは避けています。もっと詳細に理論や手法を学びたいという方は、関連する報告書などをひもといていただければ幸いです。

　それでは、地域経済循環を創るための扉を開いてください。

著者を代表して
藤山　浩

---

*1：人口安定化は、今後30年間で地区の総人口と年少人口の減少が１割程度におさまり、高齢化率が現状程度で安定的に推移することが条件となる。その際のポイントとなるのは①20代前半の若者、②30代前半の夫婦（４歳以下の子どもを同伴）、③60代前半の夫婦の３世代の移住者の増加である。

CONTENTS

はじめに 1

序章 バケツの穴をふさぐ
── 地域からの所得流出の深刻な実態　　　藤山 浩　5

1　なぜ、地元の所得が増えないのか？──「流出」に目を向ける必要性 6
2　地域のお金の流れを鳥瞰する── 住民所得分がまるまる域外調達へ 8
3　地元での消費と生産の割合は？── 高い域内循環率が所得総額を増やす 10
4　地域内経済循環を測るモノサシ── LM3（地域内乗数3）の考え方 12
5　本書の構成── 新しい循環の経済を目指して 14
column　分野を横断した研究を展開している研究機関の紹介 16

第1章 地域経済循環分析プロジェクトの紹介
── 人口・経済・環境の総合持続性へ　　　藤山 浩　17

1　なぜ、環境対策が進まないのか？── 必要な人口・経済・環境の「そろい踏み」 ... 18
2　地域での調査フローと人口安定化ビジョン 20
3　LM3の算出プロセスと調査手順── 消費・流通・生産の3段階で追いかける ... 22
4　瑞穂地区における地域経済循環(1)── 購入編 24
5　瑞穂地区における地域経済循環(2)── 販売・全体所得編 26
6　瑞穂地区における地域経済循環(3)── 地域内外からの所得編とLM3計算 ... 28
7　所得取り戻しシミュレーション── 域内購入＆生産率UP 30
column　地域経済循環分析から見えてきたこと 32

第2章 地域版家計調査で中山間地域の暮らしと経済を組み立てる
　　　有田昭一郎　33

1　小さな単位での家計の把握は暮らしづくりと地域づくりの要 34
2　中山間地域の家計の特徴と、背景にある暮らしの構図 36
3　地域版家計調査データの地域経済循環調査での利用
　── 食料、燃料の所得流出と取り戻しの可能性 40
4　地域版家計調査データの教育分野での利用
　── 高校統廃合が世帯と地域経済に与える影響シミュレーション 42

5	地域版家計調査データの定住分野での利用——定着に向けた家計の見通しづくりの支援	44
6	地域版家計調査の進め方とポイント	46
column	働き方と家族の時間と地域経済循環	48

第3章 食の地産地消で所得を取り戻す
藤山 浩　49

1	池田町における食の地産地消の現状——町全体の状況と家計調査から見えてきたこと	50
2	野菜とパン、地元でつくればこれだけ違う	52
3	農家、飲食業、福祉施設などのお金の流れ	54
4	スーパー、コンビニ、産直市でのお金の流れ	56
5	池田町における食にかかわる所得の流れ——流出した所得に目をつける	58
6	食の地産地消による所得の取り戻し——域内購入率と域内生産率を上げていく	60
7	地産地消から域産域消への進化——新たな広域的・横断的・長期的なアプローチを	62
column	家庭用の灯油を地元の薪に変えたら……	64

第4章 エネルギーの地産地消で所得を取り戻す
——木質バイオマスの活用と地域経済循環
豊田知世・小菅良豪　65

1	地域のエネルギー需要量を知る	66
2	地域内の経済循環度を測る——木質バイオマス活用のLM3	68
3	どちらが地元に有利？ 大規模集中型vs小規模分散型	70
4	どこで差がつく地域貢献度——タイプ別で比較	72
5	望まれる林業全体の循環強化——多段階（カスケード）利用構造が不可欠	74
6	地域主導の地域エネルギー活用の国内事例——岡山県・真庭バイオマス発電所	76
7	決め手は住民が主人公の投資——ドイツの事例から学ぶ	78
column	バイオマスエネルギーと林業現場	80

第5章 地域の消費を変えてよりよい未来づくりを
——長野県富士見町の事例から
重藤さわ子　81

| 1 | エネルギーにおける地域のお金の流れを知る | 82 |
| 2 | 地域の消費の実態を知る | 84 |

CONTENTS

- 3 中長期的な展望をもって、地域人口の未来を描く ……… 86
- 4 地域内購入率・生産率の向上と田園回帰は地球温暖化対策!? ……… 88
- 5 地域で何をどう進めるか(1)──新たな共通価値の創造 ……… 90
- 6 地域で何をどう進めるか(2)──駅前商店街から域内循環を仕掛ける ……… 92
- 7 地域で何をどう進めるか(3)──地域のプラットフォーム形成 ……… 94
- **column** 内発的発展──地域が「主体性をもつ」とはどういうことか ……… 96

第6章 連結決算で幸せを支える
──地域ぐるみの共生、最適化へ
藤山 浩　97

- 1 最大の「産業」は社会保障──地域の介護費用を明らかにする ……… 98
- 2 介護費用を本当に浮かしている地域はどこ?──地域のお達者度を金額に換算してみる! ……… 100
- 3 小さな力を紡ぐコンマXの社会技術──出番と役割が元気を引き出す ……… 102
- 4 「連結決算」のすすめ──交通の赤字を福祉で取り戻す ……… 104
- 5 地域ぐるみの取り組み事例 ……… 106
- 6 定住も合わせ技で実現──地元に分野横断の法人組織をつくる ……… 108
- **column** 半農半Xで定住実現──島根県の挑戦 ……… 110

第7章 循環の経済へ進化する
──持続可能な地域社会を創る30年構想プラン
藤山 浩　111

- 1 地元に循環の拠点をつくる──基本的な「循環自治区」の設定と「小さな拠点」 ……… 112
- 2 地方都市圏を多重の循環で再生する
  ──「小さな拠点」をつなぐ広域のハブとネットワーク ……… 114
- 3 新交通システムによるシミュレーション
  ──「アワーカー」で集落から地方都市中心部まで結ぶ ……… 116
- 4 30年かかる「循環の経済」への転換──人口安定化・資源育成・インフラ更新 ……… 118
- 5 多重の進化を包括的に考える──どこから手をつけ、広げていくのか ……… 120
- 6 持続可能な地域社会を創る30年長期構想プラン ……… 122

- おわりに ……… 124
- 用語解説 ……… 128

序 章

バケツの穴をふさぐ

地域からの所得流出の
深刻な実態

地域人口の安定化には、地域の所得取り戻しが欠かせません。しかし、いままでは、地域の外からいかに稼ぐかというところだけに力点が置かれすぎていたのではないでしょうか。本章は、全国の地方都市や中山間地域において、地元での購買率や生産率が著しく低下している現状をふまえ、これからこの本で具体的に進めていく地域経済循環強化の取り組みに向けた導入とします。

1 なぜ、地元の所得が増えないのか?
——「流出」に目を向ける必要性

人口減少に悩む地方都市や中山間地域では、「子どもたちが帰るにも、とにかく働くところがない」といった声をよく聞きます。いままで目指されてきたように、工場などの新たな職場を誘致するしかないのでしょうか。なぜ、地元の所得が増えないのか? それは、単に外から稼ぐ力が不足しているわけではありません。地域の中から外への所得の流出にも原因がありそうです。

日本中に広がったロードサイドショップ

日本全国を研究や講演で回ってみると、全国のいたるところで似たようなロードサイドショップの風景に出会います。たいてい、地方都市の少し郊外の新しくできた幹線やそのバイパス沿いに、全国チェーンのスーパーマーケットや店舗が並んでいるのです。

新しく一斉につくられた街並みを見ると、これで地域経済が活性化したと思う人もいるかもしれません。しかし、よく考えると、そこで売っているものや提供しているサービスのほとんどは、地域外から供給されています。そこで得られた利益も、おもに東京にある本社へと即座に送金されてしまうでしょう。つまり、一見華々しく見えるロードサイドショップに行き、そこでみんなが買えば買うほど、地域から所得が流出する仕組みとなっています。

写真 序-1 地方都市におけるロードサイドショップの一例

島根県益田市国道191号線沿いに全国チェーンの店舗が立ち並ぶ

バケツの穴をふさぐ —— お金を地域内で貯めて循環させる

経済は、生態系と同じく、その地域内における循環が力強く継続していくことが重要です。たとえば、地域外から補助金や給料、年金をたくさん受け取ったとしても、その大部分が地域外に流出してしまう構造では、地域内の所得は、それ以上増えていきません。それはちょうど、穴の開いたバケツで水を汲むようなもので、地域には、実質的にお金は貯まっていかないのです。

いままで、私たちは、見かけ上の売上や投資額の大きさで、経済効果を測っていました。しかし、その商店の売上や工場の投資額がどれだけ大きくとも、そのうちのどれだけが地域経済の中にとどまり、新たな所得を生み出すかが大切なのです。

私たちは、まず、それぞれの地域において、一人ひとりが受け取った給料やお店の売上が、その後どのように域内に流れているのか、はたまた域外へと流れ出ているのかを、確かめていく必要があります。そのうえで、どうすれば域内に循環していくお金を実質的に増やしていけるのかを、具体的に検討していきましょう。

図 序-1 穴のあいたバケツで水を汲んでもダメ

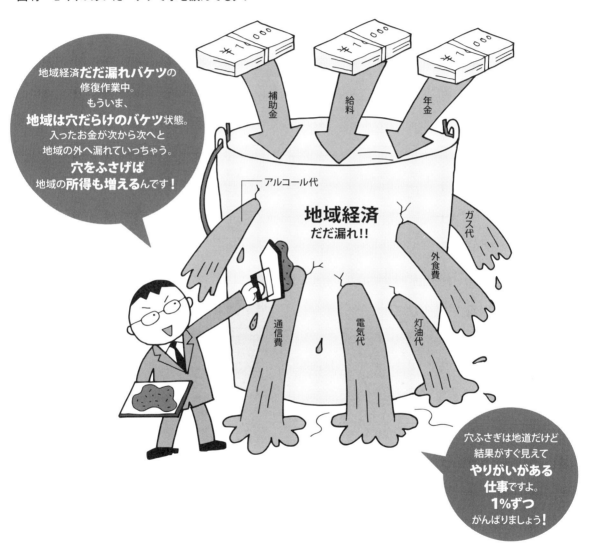

ここがポイント！

域外からお金が流れ込み、即座にまた域外に出ていくような外部依存型では、地域経済はやせ細っていくばかりとなり、所得も増えていきません。

2 地域のお金の流れを鳥瞰する
——住民所得分がまるまる域外調達へ

実際に地域のお金の流れは、全体としてどうなっているのでしょう？ ここでは、ある地方都市圏の事例をもとに、地域全体として、そして個々の分野や品目としても、想像以上に域外にお金が流出している地域経済の現状を明らかにします。

住民所得に匹敵する域外調達の総量 ——「稼ぎ」が丸ごと流出

　図序-2は、島根県の西部、益田市・津和野町・吉賀町で構成される益田圏域に関わる資金フロー（資金の流れ）を示したものです。産業連関表という経済の各部門間の取引を一覧にしたデータがあれば、このような地域経済のお金の流れを全体としてとらえることができます（ただし、後述するように、小さな地域や自治体で産業連関表を作成することはかなり困難です）。

　この資金フローで一番目立つことは、域外へのモノやサービスの調達を中心とする域外流出分がとても大きく、総額で年間1,420億円にも達していることです。圏域人口は7万人ですから、1人当たり年間200万円以上、外のモノを買ったりしていることになります。これは、住民所得の年間総額1,556億円に匹敵します。つまり、住民の「稼ぎ」をそのまま地域外に「差し出している」のです。そして、地域外からの補助金や交付税、年金などの流入により、ようやくバランスがとれている状態です。

図序-2 益田圏域（益田市・津和野町・吉賀町）における資金フロー（2003年）

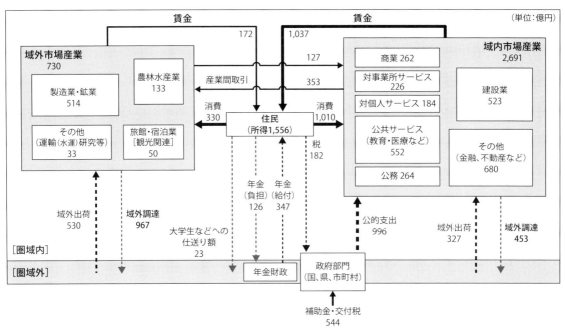

※『平成15年益田圏域産業連関表』（島根県）などによる

多くの部門で流入超過 ──「自由貿易」だけでは豊かにならない

域外とのお金のやりとりを、より詳しく産業部門別に比較してみましょう。

図序－3は、34に分類された産業部門別に、域外からの移入と域外への移出を比較したグラフです。多くの部門において、移入が移出を上回っていることがわかります。

移入額の上位3部門は、商業、電気機械、食料品となっています。どうしても域外からの仕入れが多くなる商業や地元で生産がしにくい電気機械の外部調達が増えていることは、ある程度仕方ないことでしょう。しかし、食料品についても、移入額（149億円）が移出額（18億円）をひとケタ上回っている状況は、広々とした農地や美しい海が広がる同圏域としては異常です。人口1人当たりにすれば、年間20万円分の食料を外から買っている計算になります。逆に、そうした赤字幅が広がっている部門こそ、これからの域内生産への切り替えによる所得取り戻しのターゲットともいえるでしょう

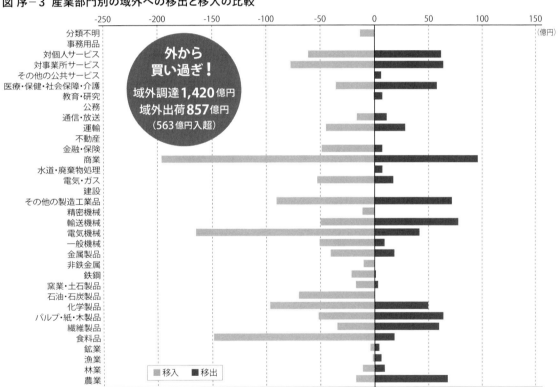

図 序－3 産業部門別の域外への移出と移入の比較

※『平成15年益田圏域産業連関表』（島根県）などによる。事務用品、不動産は移出、移入ともに0

ここが **ポイント**！

19世紀のイギリスの経済学者であるディビッド・リカードが唱えた「比較優位論」をかざして、「自由貿易」を唱える輩がいます。そうした「自由貿易」による相互利益は、少なくとも、両者の輸出入額の均衡が条件となることに注意しましょう。

3 地元での消費と生産の割合は?
——高い域内循環率が所得総額を増やす

それでは、日々の暮らしの舞台となっている地域、つまり一次生活圏に相当するエリアでは、地元での消費と生産の割合はどのくらいになっているのでしょうか。そして、域内での消費や生産といった循環率を高めると、どのくらいの効果が期待できるのでしょうか。

実際にどれだけ地元で買い、つくっているか？ —— 中山間地域での調査結果

2016年度において、環境省から委託を受けた環境経済の政策研究チーム「低炭素・循環・自然共生の環境施策の実施による地域の経済・社会への効果の評価について」では、全国四つの中山間地域（長野県富士見町落合地区、福井県池田町、島根県邑南町瑞穂地区、徳島県海陽町海南地区）に位置する一次生活圏エリアにおいて、家計調査と事業体調査を行いました。その詳しい成果は、第１章以降でも紹介しますが、ここではまず、図序−４により、それぞれのエリアにおける域内購入率と域内生産率を比較してみます。

食料、燃料部門における域内購入率は、人口規模が4,000人以上の海南、瑞穂、落合の３エリアでは60％を超えています。一方、3,000人弱の池田町では３分の１を下回っています。一方、食料、燃料部門における域内生産率は、購入率を大きく下回り、１割程度未満しかないことがわかりました。高度経済成長期以前においては、中山間地域の多くで、食料、燃料の多くを自給していたはずです。それが、ここまで域内の循環率が総体として落ちているのです。

図 序−４ 中山間地域の４エリアにおける食料、燃料部門の域内購入率と域内生産率

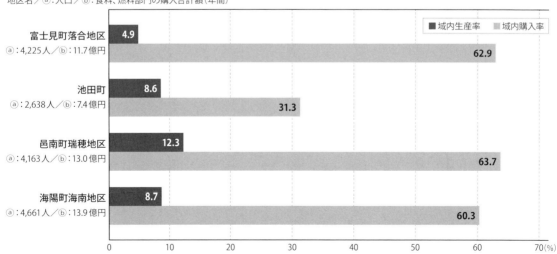

※平成27〜29年度環境省・環境経済の政策研究「低炭素・循環・自然共生の環境施策の実施による地域の経済・社会への効果の評価について」による
※燃料は、一般家庭と施設における暖房・給湯用の灯油・重油を対象として計算

域内循環率が決め手！ ── 2割上昇で所得総額は2倍になる場合も

それでは、中山間地域における域内の生産率や購入率といった循環率の低下は、地域経済にどのような影響を与えるのでしょうか？

経済は、一度きりの取引では終わらず、事業体や部門を超えて連鎖していくものです。図序－5に示したように、同じ100万円の売上や投資が生じたとしても、域内循環率が異なれば、地域内でその後生まれていく経済効果は大きく違ってきます。

この図のように、生じた需要の80％が賃金や仕入れとして域内で循環する場合と、60％分しか循環しない場合では、循環率の違いは20％分ですが、最終的な域内の需要合計は2倍にもなります。これは、たとえ初期の売上や投資が2倍の200万円になったとしても域内循環率が20％落ちれば、初期額100万円を域内循環率80％で回す場合と変わらないことを意味します。

では、域内循環率が、50％の場合はどうでしょう

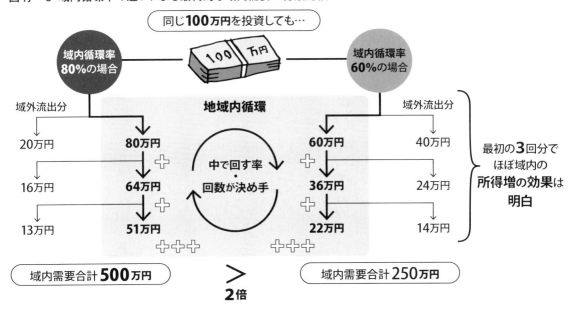

図 序－5 域内循環率の違いによる最終的な域内需要の総額比較

か。同じ100万円から出発して、50万円・25万円・12.5万円と地域内に循環していき、その需要合計は200万円となります。

私たちは、最初の売上や投資額の大小だけで、地域内の経済効果を測りがちですが、このようにその後どのくらいの割合が地域内を循環するかが重要です。「見かけ」ではなく、「実質」的な実入りを確認していく必要があるのです。

ここがポイント！

図序－5でもわかるように、最初の3回程度の取引で地域内に循環する部分を把握すれば、域内の所得などに貢献する効果は明白です。こうした事実が次節のLM3（地域内乗数3）による地域内循環効果の計測手法につながります。

4 地域内経済循環を測るモノサシ
——LM3（地域内乗数3）の考え方

地域内における実質的な需要や所得の増加には、域内循環率の高低が大きく影響します。それでは地域内経済循環の度合いを簡易に測るモノサシはあるのでしょうか。近年、イギリスで注目されているLM3（地域内乗数3）という新しい手法を紹介しましょう。

実際にどれだけ地元で買い、つくっているか？ —— 中山間地域での調査結果

イギリスでも、日本と同じく、地域経済振興にさまざまな投資や援助を行うわりには、その効果が上がらないことに頭を悩ませていました。市民を主人公として経済振興を考えるシンクタンク「ニューエコノミック・ファウンデーション」では、LM3（local Multiplier 3：地域内乗数3）と呼ばれる域内経済循環の測定手法を開発し、普及を進めています。

図序-6に示したように、LM3は、3回分の取引に

図 序-6 LM3（地域内乗数3）の計算の仕方

循環段階	域内循環・共生型 企業・事業・投資・商品	外来・大規模型 企業・事業・投資・商品
❶ Round 1 当初売上 or 投資	7,200万円	1億2,000万円
❷ Round 2　計 従業員給与 域内調達	5,760万円 2,448万円 3,312万円	2,040万円 800万円 1,240万円
❸ Round 3　計 従業員給与 域内調達	2,499万円 1,704万円 795万円	677万円 0万円 677万円
合計	1億5,459万円	1億4,717万円
LM3指数	2.15	1.23

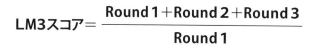

$$\text{LM3スコア} = \frac{\text{Round 1} + \text{Round 2} + \text{Round 3}}{\text{Round 1}}$$

※ ❶＝Round 1：分析対象者の売上高
　❷＝Round 2：売上のうち地域内で使われた額
　❸＝Round 3：地域内調達先における従業員給与・地域内調達額

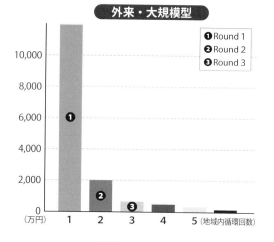

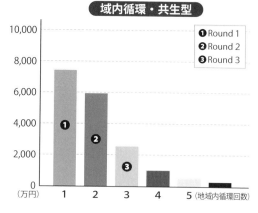

おける域内の従業員給与や調達分を積み上げ、指数化します。最初の売上や投資額の大きさではなく、その後の域内における循環率の高さがLM3のスコアを決定します。そのため、域内の人材や資源を地道に活用する小規模な事業体やエネルギープラントなどの地域貢献度が明らかになるのです。

LM3の使いやすさとは？──いままで主流であった産業連関表分析との違い

　LM3は、いままで地域経済分析で主流であった産業連関表による分析とどこが違うのでしょうか。産業連関表とは、各産業部門間でどのような投入・産出という取引過程を経て生産・販売されたものであるのか一覧表に取りまとめたものです。その地域や自治体について産業連関表が作成されていれば、第2節で紹介したような資金フローの全体図や産業部門ごとの域外収支なども明らかになります。また、特定部門で生じた需要増加がもたらす他の部門の波及効果も算出できます。

　しかしながら、産業連関表も万能ではありません。特に、小規模な地域や自治体の現場で活用するためには困難も多いため、より簡易なLM3との手法の比較をしてみました（表序－1）。

　第一に、産業連関表の計算自体が、多部門にわたるヒアリングなどが必要で、費用面を中心にかなりの難関となります。都道府県単位においても10年に1回作成していればよいほうです。第二に、小規模な地域や自治体では、都道府県の産業連関表などができていないと着手できない場合が多く、さらに部門間のアンバランスによっては正確な作成が困難となります。第三に、個別の事業体やエネルギープラントの地域貢献度を測る場合も、その部門の平均的な波及効果となり、より具体的な原料調達方法による向上策などを計算に反映しづらくなります。第四は、数学の「行列式」分野に習熟していない一般の行政職員や住民には、産業連関表の分析結果を直観的に理解することが難しいという面もあります。

　LM3は、産業連関表が作成されていなくても、小規模な地域や自治体における、特定の事業体やプラントからの地道なヒアリング調査から対応でき、その計算結果も比較的理解しやすいという長所があります。本書では、このLM3の長所を活かし、地域経済循環の分析や今後の構想づくりを進めていきます。

表 序－1　産業連関表とLM3との比較

比較項目	LM3（地域内乗数3）	産業連関表
❶計算の容易さ	比較的簡単。部門などを絞ってのヒアリングで実施可能	多部門の包括的なヒアリングと集計が必要
❷小規模な地域や自治体への適応	存在している部門・事業体での調査可能	欠落している部門や部門間のアンバランスが問題となる
❸個別の事業体・プラント対応	事業体・プラントごとの独自の調達状況などを反映できる	部門としての平均的な波及効果の測定となる
❹職員・住民の理解度	3回分の取引で地元が手にする部分の集計なので理解が容易	十分な理解には、数学の「行列式」の素養が必要

ここが ポイント！

　これからの循環型社会に向かう社会経済システムの検討は、小地域単位からの細やかな分析やその成果の共有が不可欠です。LM3の地域現場への応用や普及が期待されます。

5 本書の構成
——新しい循環の経済を目指して

ここまで、まず現状と課題の認識として地域外への所得流出の実態をとらえ、地域内経済循環を測る新たなモノサシとしてLM3という手法を紹介してきました。

この本では、この序章での問題認識と手法導入をもとに、持続可能な地域社会を支える新しい循環の経済を、以下のような構成で検討していきます。

全体の流れと各章の位置づけ

本書は、自らが暮らす地域社会を安定して長続きするものにしたいという住民の方々、経済界や行政のみなさまにお読みいただきたいと考えて構成してあります。次のように、第1章からお読みいただくのが一番わかりやすいかと思いますが、興味・関心のある章や節から読み始めていただき、ほかの分野や全体としてはどうなのだろうという読み方でも大丈夫です。

図 序-7 本書全体の流れと各章の位置づけ

【現状と課題の認識】
序章(本章) バケツの穴をふさぐ
—— 地域からの所得流出の深刻な実態

【必要な地域経済診断の全体像】
第1章 地域経済循環分析プロジェクトの紹介
—— 人口・経済・環境の総合持続性へ

【分野ごとの診断や問題解決のアプローチ】
第2章 地域版家計調査で中山間地域の暮らしと経済を組み立てる
第3章 食の地産地消で所得を取り戻す
第4章 エネルギーの地産地消で所得を取り戻す

【地域全体をつなぐ主体形成】
第5章 地域の消費を変えてよりよい未来づくりを
—— 長野県富士見町の事例から

【地域ぐるみの全体最適を目指して】
第6章 連結決算で幸せを支える
—— 地域ぐるみの共生、最適化へ

【未来への確かな展望をひらく】
第7章 持続可能な地域社会を創る30年構想プラン

第1章では、課題解決を図るうえで欠かせない地域経済診断の全体像を明らかにしたいと思います。2015〜2017年度において、環境省から委託を受けて実施した、環境経済の政策研究「低炭素・循環・自然共生の環境施策の実施による地域の経済・社会への効果の評価について」の成果をもとに、全国4自治体で展開した研究プロジェクトの具体的な展開と到達点を紹介します。地域経済振興と人口安定化・環境保全を連動させて分析する手法を提示し、地方自治体における分析と長期的なシミュレーションの実例を説明します。

　第2章、第3章、第4章では、部門ごとの診断や問題解決のアプローチをご紹介します。

　第2章では、地域経済診断の出発点となる家計分析の手法や応用可能性について説明します。中山間地域における暮らしの実像と生活者の視点から、地域間比較を試みます。そして、今後の定住促進につながるシミュレーションシステムや高校統廃合の影響評価など多彩な活用事例も出てきます。

　第3章では、食の分野における地域内への所得取り戻しの可能性と実践事例を取り上げます。食の地産地消の現状と地域間比較をふまえ、食を地元に取り戻すチャレンジを、スーパーマーケットやパン・野菜、都市圏といった多様な角度から考えていきます。

　第4章では、エネルギーの地産地消を考えます。「玉石混交」ともいえる現在の再生可能エネルギー導入の全国的ブームをふまえ、真に地域経済に貢献し得る活用手法を探っていきます。従来のように、多額の地域外からの投資や補助金を得て大規模・集中化を図れば成功するといった時代では、もうありません。住民が主人公となる活用・投資を考えていきます。

　第5章、第6章では、あらためて、地域全体で求められる体制や評価のあり方を論じていきます。

　第5章では、経済・人口・環境の持続性を横断的に考えるなかで、長野県富士見町での継続的な地域づくりの実践から見えてきた地域の主体形成の勘所を論じていきます。地域での取り組みのなかから見えてきた「仕掛け方・進め方・広げ方」を紹介します。

　第6章では、地域ぐるみの全体最適[*2]を目指すため、分野ごとの縦割り・単独決算では見えてこない地域全体の連結決算の考え方を説明します。福祉・農業・交通・商業などを横断的に結びつけ、トータルな利益を創出する事例を紹介していきます。

　最終の第7章では、未来への確かな展望を開きたいと思います。新しい循環の経済が支える持続可能な地域社会への転換には、1世代・30年をかけていけば十分その可能性があることを論じたうえで、具体的な地域構造の設計やその構築手法について、まとめていきます。

ここがポイント!

これだけやれば地域経済が元気になるという安易なサプリメントは、ありません。地域全体をしっかり見渡し、細やかにつなぎ直していく視点・姿勢が大切です。

*2：巻末の用語解説を参照。

column

分野を横断した研究を展開している研究機関の紹介

　地域内経済循環の研究は、縦割りではなく、分野を横断した体制やアプローチを必要とします。この本をまとめるうえで中核となった二つの分野横断型の研究機関を紹介しておきます。

一般社団法人「持続可能な地域社会総合研究所」

　2017年4月に設立された一般社団法人「持続可能な地域社会総合研究所」は、人口や経済、環境など分野を横断した持続可能な地域社会の実現に向けて、次のような研究のアプローチをモットーにして、全国的な研究や現場支援を展開しています。

① **地域社会における綿密な診断**

　地域社会ごとに詳細なデータを集約・分析し、具体的な数字・エビデンスに基づく診断を行い、それぞれの地域社会の可能性、底力、課題を地域住民と行政でしっかり共有できるようにしていきます。

② **地域社会同士をリンクした共進化──マス・ローカリズムによる地域政策形成**

　多くの地域社会のデータ・事例を全国的に共有し、地域・自治体同士の「学び合い」・「磨き合い」を促進する「マス・ローカリズム」手法で「共進化」を実現します。

③ **「多様性」・「多角性」・「多重性」に基づく持続可能な地域社会の設計・運営**

　持続可能な地域社会を分野横断した全体最適の視点から展望し、地域ごとの「多様性」・地域内の「多角性」・大小の循環圏をつなぐ「多重性」により、世代を超える長期的設計・運営を提示します。

島根県中山間地域研究センター

　「島根県中山間地域研究センター」は、1998年に島根県飯南町に設立されたわが国唯一の中山間地域の総合研究開発機関です。島根県により設立されたセンターは、次のような基本的な運営方針を掲げ、研究を展開しています。

① **「生命地域」としての中山間地域の再生**

　中山間地域は、いのちを育むみなもとの地、環境の世紀における先進空間

② **「分野連携」を活かした総合研究の展開**

　地域研究、農業・林業・畜産を中核とした横断型研究の推進

　地域研究では、コミュニティ運営を主軸に、住民組織による経済事業、次世代定住条件、人材育成、地域経済循環など

③ **「住民主動」による地域づくりへの支援**

　地域住民・団体が主体となった地域づくりへの支援

　センターには、社会科学系の地域研究部門と農業・畜産・林業が一体となった技術開発部門、そして研修部門が併設されています。島根県内だけでなく、中国地方知事会の共同研究機関としての役割など、広く地域間で連携した研究も展開しています。

第1章

地域経済循環分析プロジェクトの紹介

人口・経済・環境の総合持続性へ

本章では、2015〜2017年度に、環境省から委託を受けて実施した、環境経済の政策研究「低炭素・循環・自然共生の環境施策の実施による地域の経済・社会への効果の評価について」(以下、環境省研究)の成果をもとに、全国4自治体で展開した研究プロジェクトの具体的な展開と到達点を、島根県邑南町の事例を中心に紹介します。

本書は環境省研究の研究チームの共同著作物であり、第2章以下においても、この共同研究の幅広い成果を、それぞれの部門ごとにより具体的に説明していきます。

1 なぜ、環境対策が進まないのか?
―― 必要な人口・経済・環境の「そろい踏み」

私たち研究チームは、環境だけでなく、地域の人口や経済の持続性も連動してこそ、初めて持続可能な地域社会が見えてくるという思いから、新しい研究プロジェクトをスタートしました。

地域現場の緊急課題に応えるなかで

私たちの地域経済循環分析プロジェクトのきっかけは、「なぜ、環境を守る取り組みは遅々として進まないのか」という疑問でした。

地球温暖化の防止にしても、循環型社会への転換にしても、必要であることは、みんなわかっているのです。ただ、実際に、日本の各地を歩くと、一番の関心事は、そこにはありません。現在は、地方創生の始動に見られるように、いかにして地域の人口を守っていくのかに、地域住民の思いは集まっています。そして、そのためにいかに地域の経済を元気にしていくか、みんな必死なのです。

私たちの研究アプローチは、人口維持について最も厳しい危機に直面している小規模な圏域において、人口安定化・経済循環強化・環境保全を「そろい踏み」させる分析と地域設計の統合化です。小規模な市町村やコミュニティは、従来の産業連関表の活用が難しく、体系的な取り組みが進まなかったところです。私たちは、そこの主人公である地域住民にもわかりやすいLM3という新しい地域経済循環のモノサシを導入し、研究をスタートさせました。

図1-1 人口・経済・環境を地域現場において統合する研究アプローチ

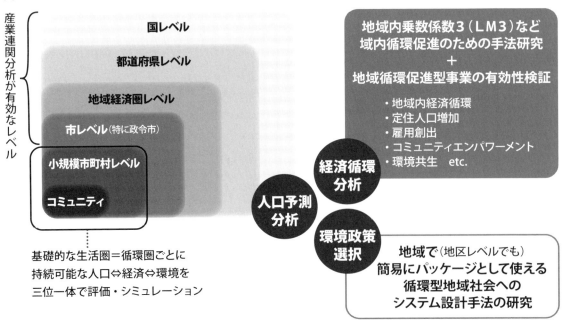

研究全体のフロー

研究の第一段階は、対象とする地域において関心の高い、人口の安定化にどれだけの定住増加が必要かという人口ビジョンの作成です。その結果、定住増加を実現するのに必要な地域経済における所得増加額が具体的に算出できます。

第二段階は、家計調査と事業体調査を実施し、域内循環の現状と循環率向上による地域内への所得取り戻しの可能性を計算します。

同時に、小地域にも適用できる域内循環の評価指標＝LM3の手法を導入し、家計および事業体調査の成果を活かし、地域経済全体や各部門の域内循環度を測るとともに、各タイプの再生可能エネルギープラントの地元貢献度の比較にも活用します。

第三段階は、人口安定化が域内経済循環の強化によって実現し得る可能性をもとに、循環型社会のシステムを、モノやエネルギーの循環的共有を支える新たな拠点やネットワーク構造を展望し、具体的な転換シナリオを考えていきます。そして、今後、長い目で必要となる政策体系や条件整備をまとめ、提言します。

研究体制は、長野県富士見町、福井県池田町、島根県邑南町、徳島県海陽町の4自治体を主な調査対象に設定し、広範な研究機関のネットワークを構築しました。さらにLM3手法を生み出したイギリスの「ニューエコノミック・ファウンデーション」や再生可能エネルギー活用の先進事例である北海道下川町や岡山県真庭市にも研究連携の輪を広げています。

図1-2 研究プロジェクト全体のフロー（当初計画）と研究体制

第1段階
❶自治体と各地区（一次生活・循環圏）における地域人口ビジョン作成〈2015〉

第2段階
❷自治体と各地区における家計支出調査〈2015〉
❸地域中核事業体における取引状況分析〈2015〉

❹域内経済循環促進型の新たな評価指標研究＝「LM3」の導入検討〈2015～2016〉
❺新たな評価指標を適用した域内経済循環促進効果にかかわる比較研究〈2016〉

第3段階
❻新たな循環型社会システムに向けた「環境共生×域内経済循環×人口還流」にかかわる地域創発型シミュレーション研究〈2015～2017〉
❼今後求められる政策体系と条件整備の提言〈2017〉

研究機関	持続可能な地域社会総合研究所
	島根県中山間地域研究センター
	島根県立大学
	東京工業大学
	福井大学
	諏訪東京理科大学
提携研究者	New Economic Foundation（イギリス）
協力自治体	長野県富士見町
	福井県池田町
	島根県邑南町
	徳島県海陽町
先進事例	北海道下川町
	岡山県真庭市

ここがポイント！

人口・経済・環境の「三方良し」でないと、みんなが納得して取り組みを始めることができません。特に最近は、人口減少をくい止める具体的な効果が求められます。

2 地域での調査フローと人口安定化ビジョン

本節では、地域で実際に展開した調査フローを紹介し、それぞれの地域人口を長期にわたり現行水準で安定化させる人口ビジョンを示し、必要な定住増加を算出してみます。中心となる家計調査や事業体調査は、島根県中山間地域研究センターで開発された地域経済循環調査手法に基づいて進めています。

地域での調査フロー

図1-3は、長野県富士見町、福井県池田町、島根県邑南町、徳島県海陽町の四つの自治体で展開した調査フローです。最初に、次ページで述べるように、人口シミュレーションを行い、地域人口安定化に必要な毎年の定住増加数を割り出します。次は、家計調査をできるだけバランスのとれた世帯類型区分により実施し、食料、燃料部門について、品目別の購入額や域内購入の割合を出します。家計調査については、第2章で詳しくその意義ややり方、そして応用を紹介します。

そして、LM3の理論に基づき、消費・流通・生産の3段階の取引状況をヒアリング調査し、経済センサスなどのデータにより全体で補正していきます。[*3]

このようにして算出された地域経済の循環データをもとに、現時点における域内の所得創出状況と域内循環率向上時の新たな所得創出額を比較し、当初割り出された毎年の必要定住増加世帯数を支え得る

図1-3 各地域における調査の具体的フロー

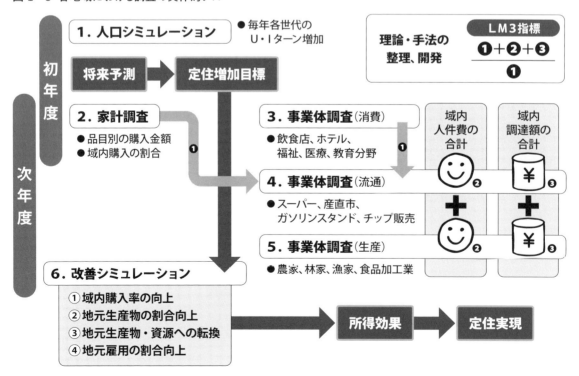

かを検証していきます。そして、域内購入率の向上に始まり、地元生産の割合アップや地元生産物・資源への転換、地元雇用割合の向上などの取り組み可能性について検討していくのです。

地域人口の安定化ビジョンによる必要な所得増加の把握

筆者（＝藤山）が独自に開発した分析プログラムを使えば、現状推移により人口予測だけでなく、具体的に毎年何世帯の定住増加があれば、人口の長期安定が達成できるか、計算できます。対象４自治体について算出したうち２つを例示すると、図１−４・５のような結果となります。[*4] ちなみに、増加する定住世帯の世代は、年齢構成のバランスをとるため、20代[*5]前半男女・30代前半子連れ夫婦・60代前半夫婦を同組数増やすという前提にしています。

このように、具体的な毎年の定住増加目標を定量化することは、とても大切です。この２自治体をみても、毎年人口比１％前後の定住増加で人口安定化はみえてきます。そうした定住増加を支える所得増加も、当然のことながら毎年１％前後となります。

図１−４　島根県邑南町（2015年人口11,339人）の人口安定化ビジョン

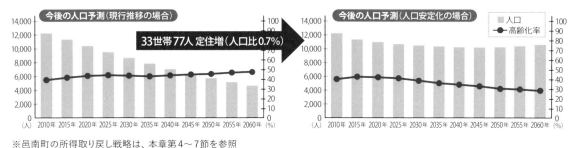

※邑南町の所得取り戻し戦略は、本章第４〜７節を参照

図１−５　福井県池田町（2015年人口2,852人）の人口安定化ビジョン

※池田町の所得取り戻し戦略は、第３章第５〜７節を参照

ここがポイント！

人口も所得も、毎年の具体的な取り戻しの数値目標がないと、どこまで頑張ればよいか、わかりません。それでは、なかなか取り組みをスタートできません。

＊３：巻末の用語解説を参照。
＊４：この人口分析プログラムについて、詳しくは『田園回帰１％戦略』および本シリーズ『「地域人口ビジョン」をつくる』（続刊）を参照。
＊５：長野県富士見町の現状推移と安定化の人口予測グラフについては、第５章に掲載してあります。

3 LM3の算出プロセスと調査手順
——消費・流通・生産の3段階で追いかける

実際に、LM3の考え方でデータを分析していくときのプロセスと調査手順を整理しましょう。消費段階から出発して、流通を経て、農家などの生産段階まで域内循環を追いかけていきます。

LM3の算出プロセスとは？

たとえば、一般的に地域住民などが、スーパーマーケットや直売所で、野菜を買った場合のLM3の算出プロセスは、どうなるでしょうか。

まず、地元での消費と同時に域内の流通業者（この場合はスーパーマーケット）に売上が発生します。この消費額＝売上額がR1（Round1）となります。もちろん、地域外での消費は、その時点で域内循環から外れて流出してしまいます。

次に域内の流通業者の売上額のなかで、域内循環するものは、域内雇用者の賃金と農家などの域内生産者からの調達額となります。この二つの合計額がR2（Round2）となります。

そして、生産者段階の売上額（＝調達額）のなかで、域内循環するものは、域内雇用者の賃金と必要資材の域内生産者への調達額となります。この二つの合計額がR3（Round3）となります。

このように消費・流通・生産の3段階で、域内循環分を追いかけていくと、最初に使われた金額のうち、どれだけが域内にとどまっているか、定量的に把握できます。その割合を指数化したものがLM3なのです。

そして、消費者が使ったお金のうち、流通と生産段階を合計して、どれだけが地域内の所得に変わったか、定住を支える実質的な効果を算出することもできるのです。もちろん、生産者以降も循環は続くのですが、生産までの3段階で大半の域内循環分は割り出せます。

図1-6 LM3の算出プロセスと各段階での域内循環

段階	消費	流通	生産	投入財生産
地域外	域外消費者 域外事業体	域外事業者	域外生産者	域外投入財生産者
地域内	家計消費／事業体調達	スーパー、直売所、JA、ガソリンスタンドなど	農家、林家など	農林業機械、燃料、肥料、農薬、種子など
域内所得	事業体域内賃金 ❶	流通事業者域内賃金 ❶	生産者域内賃金 ❷	投入財生産者域内賃金 ❸

地域内乗数の基本算定式

$$\frac{R1+R2+R3}{R1}$$

一般消費者・事業体のLM3

R1 ＝ 流通事業者売上額 ❶

R2 ＝ 流通事業者域内調達額 ❷ ＋ 流通事業者域内賃金 ❶

R3 ＝ 生産者域内賃金 ❷ ＋ 生産者域内調達額 ❸

調査の具体的な手順は？

それでは、LM3理論に基づく実際の調査の具体的手順を説明します。

まず、家計調査や消費事業体（たとえば、給食センターや福祉施設など）へのヒアリングから、地域内の主要な流通業者（スーパーマーケットや直売所など）をリストアップします。

次に、流通業者へのヒアリング調査を行い、域内循環にかかわる域内の主要仕入れ先と金額ならびに自らの事業体における域内賃金を聞き取ります。

こうして得られた主要仕入れ先をリストアップし、分野ごとのバランスを考え、ヒアリング調査を行います。ここでは、生産者などにおける生産資材の主要仕入れ先と金額そして域内賃金を聞き取ります。

当然ながらすべての事業体をヒアリングできるわけではありません。実際には、3,000人から4,000人規模の地域で、各地区おおむね40から50事業体にヒアリングを実施します。そのデータをもとに、経済センサスなどから得られた各部門の事業体数や従業員数などにより、地域全体の取引状況に拡大していきます。

調査データは、消費・流通・生産までの相互の取引状況をリンクさせたデータセットに仕上げます。その結果、今後、域内での消費額や仕入れ額を増やすと、地域全体でどれだけ所得が増えていくのか、具体的なシミュレーションが可能となります。

図1-7 LM3理論に基づく実際の調査手順

家計調査 消費事業体 → 流通事業体へのヒアリング → 域内主要仕入れ先と金額＋域内賃金 → 農家などの生産者にヒアリング → 生産資材などの仕入れ先・額＋域内賃金

消費・流通・生産まで相互の取引関係をリンクしたデータをセット化

流通事業体（産直市の詳細データ内訳例）

品目	仕入総額	域内仕入率	域内仕入額	仕入総額に対しての割合	仕入額	生産者所得	苗資材等域内購入額	地元産取扱額_販売額
米	¥7,082,000	100%	¥7,082,000	100%	¥7,082,000			
パン	¥3,887,000	100%	¥3,887,000	30%	¥1,166,100			
めん類	¥240,000	0%	¥0	0%	¥0			
粉物・穀類	¥354,100	100%	¥354,100	100%	¥354,100	¥0	¥0	¥442,625
生鮮野菜	¥94,141,000	95%	¥89,433,950	95%	¥89,433,950	¥45,611,315	¥26,962,702	¥111,792,438
野菜加工品	¥16,139,800	100%	¥16,139,800	100%	¥16,139,800	¥6,647,446	¥2,174,967	¥20,174,750
生鮮果物	¥8,159,500	55%	¥4,487,725	55%	¥4,487,725	¥2,154,108	¥648,584	¥5,609,656
生鮮肉	¥9,498,000	100%	¥9,498,000	100%	¥9,498,000	¥0	¥0	¥0
肉加工品	¥0	0%	¥0					
鮮魚	¥2,065,000	5%	¥103,250	5%	¥103,250	¥0	¥0	¥0
魚加工品	¥10,071,492	0%	¥0	0%	¥0	¥0	¥0	¥0
冷凍食品・インスタント食品	¥0	0%	¥0	0%	¥0			
牛乳・乳製品	¥7,615,000	20%	¥1,523,000	20%	¥1,523,000	¥0	¥0	¥0
油・調味料	¥17,600,000	90%	¥15,840,000	90%	¥15,840,000	¥0	¥0	¥0
卵	¥0	0%	¥0	0%	¥0	¥0	¥0	¥0
お菓子	¥57,437,000	25%	¥14,359,250	25%	¥14,359,250	¥0	¥0	¥0
総菜おかず・弁当など	¥24,351,000	100%	¥24,351,000	100%	¥24,351,000	¥8,500,934	¥3,358,379	¥30,438,750

※調査手順を例示したイメージ図

ここがポイント！

1地区当たり数十の事業所をヒアリングすることは確かに手間ですが、域内の主な調達先・調達額を順次探っていけばよいので、専門家でなくても住民も含めて協力すれば調査を展開できます。

4 瑞穂地区における地域経済循環 (1)
——購入編

島根県の山間部、広島県境に位置する邑南町瑞穂地区は、人口4,163人、世帯数1,599戸、高齢化率42.4％の地域です（2015年現在）。中心部の田所地区にある「道の駅瑞穂」には、繁盛している産直市があり、地元だけでなく、県境を越えて広島方面からも買い物客を集めています。

域内外の購入状況と地元産の割合

2016年に行った家計調査（消費部門）と事業体調査（流通・生産部門）のヒアリング調査データをもとに、地域全体（家計＋消費事業体）の食料、燃料部門における各品目別の購入・生産状況をシミュレーションした結果を、図1-8にまとめてみました。

まず、域内購入額と域外購入額についてみると、域内消費額全体の63.7％が域内で購入されていることがわかります。域内外で合計した場合の消費額品目別トップは、外食となっており、半分以上の53.4％が域外となっています。域内購入率のトップは、野菜加工品となっており、これは、産直市のがんばりが大きく貢献しています。次に、地元産購入率は、全体で12.3％にとどまっています。購入金額は、食料部門では、生鮮野菜、野菜加工品、総菜おかず・

図1-8 島根県邑南町瑞穂地区における域内外の購入・生産状況（2016年）

品目	域内購入額（円）	域外購入額（円）	地元産購入額（円）	域内購入率（％）	地元産購入率（％）
米	37,784,008	6,725,786	15,403,788	84.9	34.6
パン	33,718,705	8,984,869	2,671,345	79.0	6.3
めん類	6,139,733	6,539,635	0	48.4	0.0
粉物・穀類	1,582,631	1,241,555	47,266	56.0	1.7
生鮮野菜	61,736,860	24,286,983	46,065,558	71.8	53.5
野菜加工品	43,289,315	8,587,107	36,268,431	83.4	69.9
生鮮果物	25,322,301	10,773,827	4,467,311	70.2	12.4
生鮮肉	53,465,854	42,762,789	0	55.6	0.0
肉加工品	11,701,029	7,773,229	0	60.1	0.0
鮮魚	66,388,864	32,061,894	0	67.4	0.0
魚加工品	17,347,099	6,215,295	0	73.6	0.0
冷凍食品・インスタント食品	16,011,616	25,994,991	0	38.1	0.0
牛乳・乳製品	28,283,875	15,816,694	0	64.1	0.0
食用油・調味料	27,994,550	30,133,126	0	48.2	0.0
卵	7,470,100	7,298,976	0	50.6	0.0
菓子	59,601,311	36,713,896	4,738,611	61.9	4.9
総菜おかず・弁当など	69,581,263	38,747,131	25,188,800	64.2	23.3
コーヒー豆粉・ココア粉・茶葉など	5,716,471	7,528,956	0	43.2	0.0
非アルコール飲料	33,178,169	16,781,334	0	66.4	0.0
アルコール飲料	83,932,104	40,454,551	25,065,394	67.5	20.2
外食	69,197,868	79,156,697	0	46.6	0.0
小計	759,443,726	454,579,321	159,916,504	62.6	13.2
燃料（冷暖房・給湯用）灯油	66,769,793	16,482,375	0	80.2	0.0
燃料（冷暖房・給湯用）重油	510,000	940,167	0	35.2	0.0
燃料（冷暖房・給湯用）薪	37,000	0	37,000	100.0	100.0
燃料（冷暖房・給湯用）炭	0	0	0	0.0	0.0
燃料（冷暖房・給湯用）ペレット	0	0	0	0.0	0.0
原木	0	0	0	0.0	0.0
小計	67,316,793	17,422,542	37,000	79.4	0.0
合計	826,760,519	472,001,863	159,953,504	63.7	12.3

※2015〜2017年環境省研究より。以下、図1-15まで同じ

弁当など、アルコール飲料が上位となっており、産直市と造り酒屋が地元にあることが寄与しています。

冷暖房用燃料の大半を占める灯油は、域内購入率は高いものの、当然ながら地元生産率はゼロとなります。一方、わずかですが、薪の利用があり、100％地元産となっています。

他地区（海陽町海南地区）との比較 ── 山間部と海岸部の違いは？

山間部の邑南町瑞穂地区と海岸部の海陽町海南地区（人口4,661人）を比べてみると、海南地区では、瑞穂地区のような産直市や造り酒屋が存在しないこともあり、生鮮野菜や野菜加工品、そしてアルコール飲料の地元産購入額・率は低くなっています。

一方、海南地区には漁港があるため、鮮魚やその加工品の地元産購入率は高くなっています。また、規模の大きな弁当屋があるため、総菜おかず・弁当などの地元産購入額・率が伸びています。注目すべきは、海南地区においても、域内外を通じて一番消費額が大きいのは外食であることです。

このような地区ごとの特性や共通する弱点をしっかり把握したうえで、今後の所得取り戻しの重点的対象を考えていきたいものです。

図1-9 徳島県海陽町海南地区における域内外の購入・生産状況（2016年）

品目	域内購入額（円）	域外購入額（円）	地元産購入額（円）	域内購入率（％）	地元産購入率（％）
米	61,078,870	8,874,927	8,125,664	87.3	11.6
パン	39,844,304	23,668,104	6,363,845	62.7	10.0
めん類	9,166,007	9,583,744	1,786,195	48.9	9.5
粉物・穀類	2,857,474	841,364	129,309	77.3	3.5
生鮮野菜	51,215,801	20,323,715	4,290,231	71.6	6.0
野菜加工品	41,070,707	20,584,622	740,878	66.6	1.2
生鮮果物	21,249,399	10,847,475	347,620	66.2	1.1
生鮮肉	96,046,767	31,432,485	0	75.3	0.0
肉加工品	22,242,053	8,200,955	0	73.1	0.0
鮮魚	36,569,860	28,312,277	12,297,092	56.4	19.0
魚加工品	8,843,826	7,061,072	3,600,185	55.6	22.6
冷凍食品・インスタント食品	48,077,958	44,582,698	0	51.9	0.0
牛乳・乳製品	11,824,482	7,213,599	0	62.1	0.0
食用油・調味料	19,384,020	17,362,587	0	52.8	0.0
卵	3,858,042	2,492,015	0	60.8	0.0
菓子	43,359,413	38,759,239	10,599,661	52.8	12.9
総菜おかず・弁当など	110,784,429	38,587,156	72,231,040	74.2	48.4
コーヒー豆粉・ココア粉・茶葉など	8,081,323	4,861,581	10,000	62.4	0.1
非アルコール飲料	13,260,595	27,227,041	0	32.8	0.0
アルコール飲料	62,599,435	84,576,655	0	42.5	0.0
外食	52,253,369	99,069,244	0	34.5	0.0
小計	763,668,134	534,462,555	120,521,720	58.8	9.3
燃料（冷暖房・給湯用）灯油	71,281,377	16,497,192	0	81.2	0.0
燃料（冷暖房・給湯用）重油	3,318,042	0	0	100.0	0.0
燃料（冷暖房・給湯用）薪	0	0	0	0.0	0.0
燃料（冷暖房・給湯用）炭	0	0	0	0.0	0.0
燃料（冷暖房・給湯用）ペレット	0	0	0	0.0	0.0
原木	0	0	0	0.0	0.0
小計	74,599,419	16,497,192	0	81.9	0.0
合計	838,268,553	550,959,747	120,521,720	60.3	8.7

ここがポイント！

域内外での購入状況を調べると、どの品目で主に流出しているのか、一目でわかりますね。地元産品の購入額や率には、その地域の特産品が反映されます。

5 瑞穂地区における地域経済循環（2）
——販売・全体所得編

ここでは、瑞穂地区の販売と所得にかかわる経済循環の現状を紹介します。やはり、地元で売るだけでなく、自ら生産してこそ、大きな所得獲得につながっています。食料部門にしぼって試算してみましょう。

域内外の販売状況

瑞穂地区内における食料品の販売総額は、14億5,000万円です。これは、域内の購入総額7億6,000万円のほぼ倍に当たります。地域外から産直市やスーパーマーケットに買い物にきたり、地元産の農産物や日本酒などをかなり外に売り出していることがわかります。

地元産品に限定すると、域内での購入総額をやや上回る1億7,000万円を地域外に販売しています。そのほとんどは、域内でも購入額の大きい生鮮野菜、野菜加工品、総菜おかず・弁当、アルコール飲料となっており、この4品目合計で95.6％を占めています。

前節の品目別の域内購入額をみると、食生活の多様性を反映して、さまざまな食品をバランスよく購入していることがわかります。これに対して、地元で生産・供給している品目はかなり限定されており、そうした「主力商品」は同時に地域外にも販売されています。そして、他の数多くの地元では生産されていない食品を地域外に頼っているという構図が見えています。

地域内外の販売・購入・生産を通じて、どの品目の、どの段階で、どれだけの所得が創り出されているのでしょうか。

図1-10 島根県邑南町瑞穂地区における域内外の販売状況（2016年）

品目	域内販売額（円）	地元産品販売合計（円）	地元産品域外販売額（円）	世帯・事業所地元産購入額率（円）
米	41,892,900	13,098,553	*	15,403,788
パン	60,877,517	4,859,985	2,188,640	2,671,345
めん類	28,681,656	0	0	0
粉物・穀類	18,708,464	442,625	395,359	47,266
生鮮野菜	142,670,232	112,112,343	66,046,785	46,065,558
野菜加工品	76,833,138	66,604,334	30,335,903	36,268,431
生鮮果物	29,782,500	5,616,700	1,149,389	4,467,311
生鮮肉	75,819,530	0	0	0
肉加工品	28,790,410	0	0	0
鮮魚	81,395,232	0	0	0
魚加工品	29,690,560	0	0	0
冷凍食品・インスタント食品	20,109,848	0	0	0
牛乳・乳製品	53,876,694	0	0	0
食用油・調味料	66,309,444	0	0	0
卵	14,612,053	0	0	0
菓子	138,172,727	11,016,555	6,277,944	4,738,611
総菜おかず・弁当など	133,593,997	48,361,763	23,172,963	25,188,800
コーヒー豆粉・ココア粉・茶葉など	17,342,177	0	0	0
非アルコール飲料	64,081,540	0	0	0
アルコール飲料	238,366,958	71,765,925	46,700,531	25,065,394
外食	89,674,116	0	0	0
小計	1,451,281,693	333,878,783	173,962,279	159,916,504

＊米の地元産品域外販売額は流通過程が複雑なため、正確な集計が困難

瑞穂地区における品目別の所得創出状況 —— 地域内外への販売

まず、地域内外の住民や事業体が地域内において食料を購入した14億5,000万円は、流通段階の人件費で1億8,000万円、農家や加工業者などの生産者所得で1億1,000万円、合計2億9,500万円の所得を地域内で創出しています。

流通段階における品目別の人件費による所得創出額は、各品目別に薄く広く広がっています。品目によっては、100万円から200万円程度のものもあり、専門店でその品目だけ扱っても商売が成り立ちにくいことがわかります。

生産者所得は、地元での生産が盛んな主力4商品、生鮮野菜、野菜加工品、総菜おかず・弁当、アルコール飲料で、合計1億円と、9割以上の所得を稼いでいます。

流通段階の人件費と生産者所得を合計した所得創出額を、家計分析などで算出された世帯の平均年間所得300万円で割ると、その品目の販売・生産で扶養可能な世帯数が割り出されます。

たとえば、トップの生鮮野菜では、6,100万円の所得合計により、20.5世帯の扶養(定住)[*6]が可能となる計算です。

このような所得創出の現状を品目別まで詳細に算出できるプログラムが完成しているので、それぞれの域内購入率や地元生産率の向上により流通段階や生産段階でどのくらい所得が増えるか、後ほど計算してみましょう。

図 1-11 島根県邑南町瑞穂地区における地域内外への販売による所得創出(2016年)

品目	人件費所得(円)	生産者所得(円)	所得創出額計(円)	世帯扶養数(%)
米	5,540,952	5,577,426	11,118,377	3.7
パン	7,036,136	1,062,586	8,098,722	2.7
めん類	3,155,816	0	3,155,816	1.1
粉物・穀類	2,059,906	0	2,059,906	0.7
生鮮野菜	15,732,426	45,755,686	61,488,112	20.5
野菜加工品	8,471,445	22,418,204	30,889,649	10.3
生鮮果物	3,298,925	2,192,748	5,491,673	1.8
生鮮肉	9,560,941	0	9,560,941	3.2
肉加工品	3,175,605	0	3,175,605	1.1
鮮魚	9,062,282	0	9,062,282	3.0
魚加工品	3,307,772	0	3,307,772	1.1
冷凍食品・インスタント食品	2,213,983	0	2,213,983	0.7
牛乳・乳製品	6,098,754	0	6,098,754	2.0
食用油・調味料	9,470,115	1,172,996	10,643,111	3.5
卵	1,607,326	0	1,607,326	0.5
菓子	16,857,238	3,308,345	20,165,584	6.7
総菜おかず・弁当など	14,695,340	13,340,147	28,035,487	9.3
コーヒー豆粉・ココア粉・茶葉など	1,972,635	7,547	1,980,181	0.7
非アルコール飲料	7,048,969	0	7,048,969	2.3
アルコール飲料	27,276,887	18,910,657	46,187,544	15.4
外食	23,638,412	0	23,638,412	7.9
小計	181,281,865	113,746,342	295,028,206	98.2

ここがポイント!

産直市などがあるところでは、地元産品の域外販売量が増えています。そうした域外販売分も含め、特定の強みをもった品目に生産者所得が集中的に発生しています。

*6:巻末の用語解説を参照。

6 瑞穂地区における地域経済循環（3）
——地域内外からの所得編とLM3計算

第5節で明らかにした地域全体としての所得創出状況を、地域内販売によって生じる所得と地域外販売によって生じる所得に分けて算出し、その構造の違いを比較してみます。
また、域内循環度を測るモノサシとして導入したLM3のスコアを品目別に出してみます。

地域内外への販売によって生じる所得の内訳

地域内からの消費と地域外からの消費、それぞれによって生じる所得の総額は、やや地域外分が上回る結果となっています。これは、業務用重油の地域外からの大量購入があることが影響しています。地域外からの消費による所得創出は、主要地元産品である生鮮野菜、野菜加工品、総菜おかず・弁当、アルコール飲料で集中的に発生している傾向が、特に生産者所得について著しいことがわかります。

図1-12 島根県邑南町瑞穂地区における域内外の販売による所得創出の比較（2016年）

エリア別 品目	地域内からの消費		地域外からの消費	
	人件費所得（円）	生産者所得（円）	人件費所得（円）	生産者所得（円）
米	4,212,017	4,130,992	1,328,935	1,446,434
パン	3,681,470	588,932	3,354,666	473,654
めん類	675,371	0	2,480,445	0
粉物・穀類	172,540	0	1,887,366	0
生鮮野菜	6,598,341	18,973,445	9,134,085	26,782,241
野菜加工品	3,135,718	10,528,361	5,335,727	11,889,843
生鮮果物	2,688,358	1,715,447	610,567	477,301
生鮮肉	6,436,578	0	3,124,363	0
肉加工品	1,287,113	0	1,888,492	0
鮮魚	7,257,352	0	1,804,930	0
魚加工品	1,902,449	0	1,405,323	0
冷凍食品・インスタント食品	1,743,458	0	470,525	0
牛乳・乳製品	3,178,874	0	2,919,880	0
食用油・調味料	3,951,894	532,906	5,518,221	640,090
卵	798,201	0	809,125	0
菓子	6,913,564	1,530,668	9,943,674	1,777,677
総菜おかず・弁当など	7,119,374	6,411,603	7,575,966	6,928,544
コーヒー豆粉・ココア粉・茶葉など	649,361	2,386	1,323,274	5,161
非アルコール飲料	3,649,599	0	3,399,370	0
アルコール飲料	7,836,236	6,776,939	19,440,651	12,133,718
外食	23,638,412	0	0	0
小計	97,526,280	51,191,679	83,755,585	62,554,697
燃料（冷暖房・給湯用）灯油	5,768,428	0	3,950,760	0
燃料（冷暖房・給湯用）重油	44,060	0	19,394,317	0
燃料（冷暖房・給湯用）薪	0	17,760	0	0
燃料（冷暖房・給湯用）炭	0	0	0	0
燃料（冷暖房・給湯用）ペレット	0	0	0	0
原木	0	0	0	0
小計	5,812,488	17,760	23,345,077	0
合計	103,338,768	51,209,439	107,100,662	62,554,697

LM3の品目別スコアを比べてみる —— 域内の購入率と生産率をともに高く

瑞穂地区における品目別のLM3のスコアを図1-13で比較してみました。序章および本章第3節で説明したように、LM3は、売上から生産段階までの3段階において生じた域内分賃金と域内調達額を合計し、当初の売上額で割って出します。もし外部への流出が一切なく、各段階で100％域内に賃金支払いと調達がされれば、LM3の値は、理論上3.0となります。

たとえば、米のLM3値は、2.10となっています。これは、この地域において米が100円分買われるごとに、合計210円分の域内への賃金支払いと調達が発生していることを意味します。値のトップは、薪です。これは、100％域内で購入され、しかも100％域内で生産されているからです。

各品目のスコアを比較すると、域内の調達率と生産率がともに高い場合に、LM3値は高くなるわけです。そうした条件を満たす米や生鮮野菜そして野菜加工品は、軒並み2.00を超えています。このように、LM3は、総合的な域内循環度を示す「リトマス試験紙」のような機能を果たすことができるのです。ちなみに、全品目の総合LM3値は、現状で1.76です。

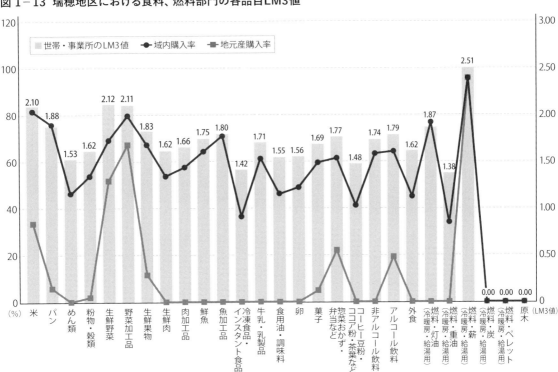

図1-13 瑞穂地区における食料、燃料部門の各品目LM3値

ここがポイント！

産直市を中心に域外からの消費を伸ばしている様子がわかります。あとは、域外に流出している消費と生産を取り戻せば、域内循環度LM3が上がってきます。

7 所得取り戻しシミュレーション
──域内購入&生産率UP

それでは、いよいよ定住増加を支える所得取り戻しのシミュレーションを行ってみます。地域の所得の増加は、当然ながら、域外への販売増加によっても進みます。ただし、それは、消費者の選択や似たような地域との競争に左右されます。より主体的に取り組むことのできる地域内循環性（購入率と生産率）を高める取り組みの可能性を検証してみます。

域内での購入率と生産率を向上させると、どのくらい所得が増加？

現在、瑞穂地区の食料、燃料部門の総合的な域内購入率は63.7％、域内生産率は12.3％となっています。これは、序章第3節で紹介した他の3地区と比べてもそんなに悪い数字ではありません。この域内の購入率と生産率を引き上げると、どれだけ域内の所得が増えるか、計算してみましょう。当面両方の率の達成目標を70％以上に置きます。そして、現時点で70％を超えている場合は、そのまま据え置きます。

全体を計算する前に、特定品目、たとえば、パンとめん類について試算してみます。

パンの域内購入率は79.0％なのでそのまま据え置き、6.3％の地元産購入率を70.0％まで引き上げます。

この結果、生産者所得が大幅に増え、域内所得は現行の810万円から1,853万円へと大幅に増えます。これは、3世帯以上を扶養できる所得増です。

めん類については、域内購入率48.4％、地元産購入率0％を、ともに70.0％まで引き上げます。この結果、流通段階までの人件費は316万円から576万円へ、生産者所得は0円から563万円へと大幅に増え、域内所得は現行の316万円から1,139万円へと大幅に増えます。

このようなシミュレーションを、品目相互の取引増加も織り込んで全品目で進めると、図1-14のような所得増加を達成でき、その増加分の総額は4億249万円にもなります（図1-15のシナリオB）。

図1-14　瑞穂地区における所得増加予測（全食品品目の域内購入率と生産率を70％以上にすると）

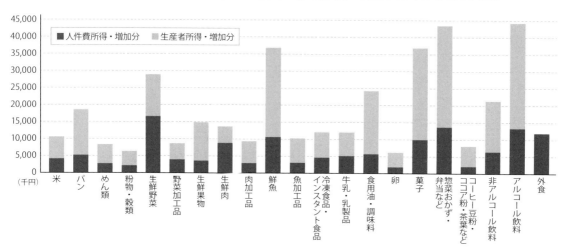

※燃料部門は省略している

域内循環向上シナリオによる定住実現可能性シミュレーション

次に、域内購入率および地元産購入率の向上目標を70％以外に変化させた場合の地域内の所得増加をシミュレーションしてみます。図1-15に示すように、域内購入率を上げた場合よりも、いままで低かった地元産購入率を上げた場合のほうが所得創出額は大きくなります。

ただし、実際には、すべての品目について地元生産率を上昇させることができるわけではありません。たとえば、山間部では鮮魚の生産はかなり困難ですし、冷凍食品・インスタント食品を無理に自給することも疑問符が付きます。

今回開発した調査方法やシミュレーションのプログラムは、先ほどパンやめん類で示したように、品目ごとあるいは事業体ごとでも、域内購入率・生産率を上げたときの域内所得増加額やLM3の変化などが計算できます。地域ごとの強み・弱みや可能性、そして限界をふまえて実現できるきめ細かな所得取り戻しプランを立てていけばよいのです。

図1-15 瑞穂地区と邑南町全体における所得創出想定による定住増加継続可能年数

	瑞穂地区（11世帯／年）				邑南町全体（33世帯／年）		
	域内購入率／域内生産率	所得増加／扶養世帯	定住増加継続可能年数		域内購入率／域内生産率	所得増加／扶養世帯	定住増加継続可能年数
シナリオA	70％以上／現状	＋2,655万円／＋9世帯	2年	→	70％以上／現状	＋7,232万円／＋24世帯	1年
シナリオB	70％以上／70％以上	＋4億249万円／＋134世帯	24年	→	70％以上／70％以上	＋10億9,638万円／＋365世帯	22年
シナリオC	100％／現状	＋9,069万円／＋30世帯	6年	→	100％以上／現状	＋2億4,703万円／＋82世帯	5年
シナリオD	100％／100％	＋6億9,492万円／＋242世帯	44年	→	100％以上／100％以上	＋18億9,296万円／＋631世帯	38年

※今回の調査で算出した新規所得創出額は実質的に域内世帯・事業体による地産地消の取り組みのみで計算している。域外への販売増加や他部門の取り組みにより同程度の所得増加を達成できれば、定住増加継続可能年数は2倍にした値となる
※70％同時達成時の継続可能年数は、富士見町54年、海陽町7年、池田町4年となる

このように、地域内経済循環の強化による所得の取り戻し効果が計算できると、その所得増加により地域で必要とされる定住増加をどれだけ支えることができるか、図1-15のように判明します。

第2節で示したように、邑南町全体の人口維持には、33世帯／年（瑞穂地区のみでは11世帯／年）の定住増加が必要です。たとえば、域内購入率および地元産購入率をともに70％まで引き上げることができれば、それは単独で目標とする毎年の必要定住増加を10年以上支え得ることができます。そうした全体としての可能性を共有したうえで、品目や部門ごとの詳細な地産地消の計画づくりをしてもらいたいと考えています。

ここがポイント！

長い目で見ると、やはり域内生産率を地道に上げていくことが所得の取り戻しにつながります。域内で買うことは必要条件ですが、十分条件にはならないのです。

column

地域経済循環分析から見えてきたこと

　邑南町をはじめとする4自治体の地域経済循環分析からは、次のような課題が浮かび上がってきました。

①域内生産率の向上による所得増加

　域内購入率の向上も重要ですが、やはり地元生産の割合が確実に上がらないと大幅な所得増加は実現しません。

②近隣の地方都市圏も含めた多重的な循環強化

　地域内の購入率・生産率を上げることが第一ですが、人口が小規模な地域ではその需要量に一定の限界もあるので、近隣の地方都市圏での販売量を増やし生産増加を実現する手法も同時に展開する必要があります。

③域内再生可能エネルギー活用への抜本的転換

　4自治体においては、100％近いエネルギーの域外依存が見られ、域内の再生可能エネルギーの活用が急務です。

　このように見出された課題に対応して、今後は、次のような取り組みの方向性が求められます。

①「小さな拠点」・「ハブ拠点」をつなぐ複合型交通・物流システム

　域内生産率向上のためには、中山間地域では不可避の少量多品種生産に対応した物流システムが不可欠であり、旅客部門の交通システムとの複合化した進化が求められます。また、地方都市圏全体が重層的な循環圏として機能していくように、地元の一次生活圏の結節拠点としての「小さな拠点」と地方都市圏全体の結節拠点としての「ハブ拠点」を組み合わせたシステム設計を目指すべきでしょう。

②再生可能エネルギープラントの体系的配置

　世帯・集落レベルから一次生活圏レベル、そして地方都市圏レベルに至るまで、域外エネルギーへの100％近い依存から脱却するために、それぞれの地域特性・レベルに応じ、再生可能エネルギープラントの適切な選択・配置と相互連携のシステムづくりが求められます。

③循環型社会に向かう長期的シナリオの策定

　循環型社会を長期的に形成するシナリオを描くなかで、以上の交通・物流システムとエネルギーシステムについて、検討・構築を進めることが戦略的に重要となります。

　こうした再生可能エネルギー活用や拠点・ネットワーク構造の進化展望については、第4章・第7章で具体的に論じることにします。

第 2 章

地域版家計調査で中山間地域の暮らしと経済を組み立てる

島根県中山間地域研究センターでは2010年から地域版家計調査を展開しており、中山間地域への移住者の家計設計のサポートや地域経済、教育の分野でのデータ活用を進めています。本章では島根県内や中国地方での取り組みを通して見えてきた中山間地域の家計や経済の特徴、課題を述べるとともに、地域版家計調査データを利用した地域づくりの課題、可能性の分析や将来予測について紹介していきます。

1 小さな単位での家計の把握は暮らしづくりと地域づくりの要

家計は最もわれわれに身近な経済活動です。しかし、中山間地域への定住を進めるために地域の子育て世帯の生活費を把握したり、地産地消を進めるため地域の世帯の食費を分析しようしても、従来のデータから実態を把握するのはなかなか困難です。着実な成果が求められるこれからの地域づくりにおいて、小さな単位で家計を把握できる体制づくりはたいへん重要になります。どのように進めたらよいか、みていきましょう。

定住を着実に進め、持続可能な社会をつくっていくためには

近年、中国地方の中山間地域では、人口減少や若者世代の田園回帰の動きに対応するため、移住支援、子育て支援、産業振興、買い物場所や交通手段など生活機能の維持をはじめ、さまざまな取り組みが展開されています。

他方、たとえば、子育て支援を充実するため「子育て世帯の支出で負担になっている項目は何か」を調べたり、森林資源の利用を拡大するため「地域の世帯の燃料需要がどの程度の規模で、現在どこから購入しているのか」を確認しようとすると、必要なデータを得ることは困難な状況にあります。

これは、家計調査や全国消費実態調査といった国の広域調査データや、市町村や地域が入手可能なデータでは地域の家計の実態が十分把握できないためです。

今後、中山間地域での定住の流れを一歩進め、若い世代がさらに次世代を育て、安心して暮らし続けられる地域社会をつくっていくためには、より着実に定住、子育て支援、商品、ガソリンスタンド、ATMなど暮らしを支える生活機能の維持、産業振興などを進めていくことが必要であることは論を待ちません。そのためには、市町村単位や一次生活圏単位など"地域住民の暮らしを反映した小さな単位"で世帯の家計を把握し、その現状分析や将来予測をふまえて、取り組みを展開することが非常に重要になります。

そして、現在の地域の家計を把握する手段がない状態から脱するためには、最初から完成度の高いデータを求めるのではなく、たとえば、"手はじめにA地域での木質資源の利用拡大策の検討から始めることにして、国勢調査で世帯数を確認し、簡単な調査票を作成して、できるかぎり多くの世帯の燃料の支出額のデータを集めてみる"など、着手しやすい分野、実施可能な規模から一歩ずつ地域の家計の実態把握を進めていくことが肝要です。

『地域版家計調査』データの利用分野と家計調査シリーズ

筆者（＝有田）が所属する島根県中山間地域研究センターでは、小さな単位で実施できる世帯の家計把握手法として2010年度から『地域版家計調査』を段階的に開発し、おもに島根県中山間地域を対象に調査を実施しています。

『地域版家計調査』のデータは、図2－1に示すように移住世帯の家計設計から自治体の施策・事業設計までさまざまなフェーズで、また定住、地域経済循環、子育て支援、教育などさまざまな分野で利用可能です。併せて、『地域版家計調査』データを利用した支援を進めるため、当センターとLLP came.lab[*7]で共同して、世帯向けの将来の家計シミュレーション

ソフト『田舎くらし設計』や、食料、燃料分野の地産地消推進支援を目的とした『地域経済循環調査・分析・シミュレーションプログラム』など分析・計画支援ツール（家計調査シリーズ）を開発しています。

以降の節では、これら『地域版家計調査』や家計調査シリーズを用いた支援を通して見えてきた、中山間地域の家計の実態や、地域の暮らし、経済、教育、子育てが直面する課題、そして今後必要と考えられる取り組みについて述べていきます。

図2-1 地域版家計調査データの利用分野および開発支援ツール

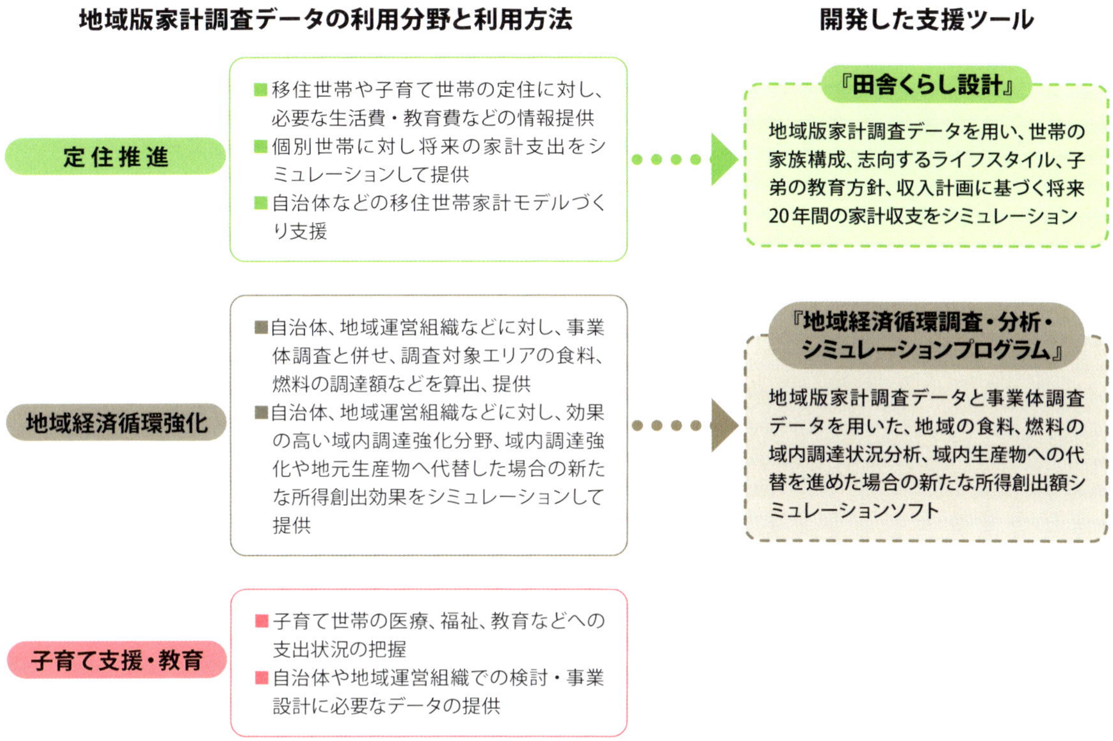

地域版家計調査データの利用分野と利用方法

- 定住推進
  - 移住世帯や子育て世帯の定住に対し、必要な生活費・教育費などの情報提供
  - 個別世帯に対し将来の家計支出をシミュレーションして提供
  - 自治体などの移住世帯家計モデルづくり支援

- 地域経済循環強化
  - 自治体、地域運営組織などに対し、事業体調査と併せ、調査対象エリアの食料、燃料の調達額などを算出、提供
  - 自治体、地域運営組織などに対し、効果の高い域内調達強化分野、域内調達強化や地元生産物へ代替した場合の新たな所得創出効果をシミュレーションして提供

- 子育て支援・教育
  - 子育て世帯の医療、福祉、教育などへの支出状況の把握
  - 自治体や地域運営組織での検討・事業設計に必要なデータの提供

開発した支援ツール

- 『田舎くらし設計』
  地域版家計調査データを用い、世帯の家族構成、志向するライフスタイル、子弟の教育方針、収入計画に基づく将来20年間の家計収支をシミュレーション

- 『地域経済循環調査・分析・シミュレーションプログラム』
  地域版家計調査データと事業体調査データを用いた、地域の食料、燃料の域内調達状況分析、域内生産物への代替を進めた場合の新たな所得創出額シミュレーションソフト

ここがポイント！

小さな単位での家計調査は複数人の小さな研究プロジェクトをつくって始めることをおすすめします（大きな委員会ではありません）。できれば同じ問題意識や目標をもつ行政内の複数の部局の人材や、家計分野の知識を有する民間組織や大学の専門家が参画するチームにすると、施策・事業へ反映する力や機動性が高まります。

---

*7：LLP come.lab：地域経営技術研究室。中山間地域の持続可能な運営の仕組みづくりに取り組む実証研究組織。家計調査シリーズと利用手法の開発、コミュニティ組織の再構築支援、地域づくり人材研修プログラムの開発、農産物直売所リデザインなどを手がけている。

2 中山間地域の家計の特徴と、背景にある暮らしの構図

中山間地域と都市部では収入規模が違うため支出規模も違います。したがって、中山間地域のある地域の家計の特徴は、まず都市部との収入規模の違いを確認し、次に同じ収入規模層で支出の同じところと違うところを確認すると都市部との共通項と相違点がみえてきます。また、定住支援を目的に家計データを扱う場合は、子育て世帯では教育費の影響が大きいことに注意が必要です。

中山間地域と都市部の家計を比較する前に必要なこと

中山間地域の家計については、「生活費は都市部より安いのか」など、都市部の生活費に対する高低にかかわる質問がよくみられます。しかし、実際には家計の支出規模は家計の収入規模と見合うため、収入規模をふまえずに、単純に食費、住宅費、通信費などを項目別に比較することにはあまり意味がありません。

たとえば、島根県中山間地域（A町）と東京都平均を子育て世帯で比較してみると、島根県中山間地域（A町）では500万円未満層が約6割を占めるのに対し、東京都では約4割を占めるにとどまります。同様に、夫婦のみ世帯についてみると、島根県中山間地域（A町）では300万円未満が6割を占めるのに対し、東京都では3割弱に過ぎません（図2-2）。そして、島根県の世帯はこの収入規模と見合う規模で支出しているわけですから、東京の世帯と比較すれば島根の世帯の支出規模は小さくなります。

したがって、たとえば、ある世帯が都市部から田舎への移住を考える場合は、まず田舎に移住した場合に実現できる収入を想定し、それに見合った生活費を組み立ててみる、また自治体が子育て支援を検討する場合は、まず対象世帯の収入水準を設定したうえで支出の特徴をとらえることが重要になります。

なお、島根県中山間地域研究センターでは、他地域との比較や地域の収入水準の確認が必要な場合は、地域版家計調査データと併せて住宅・土地統計調査[*8]や個人所得指標[*9]を使用しています。

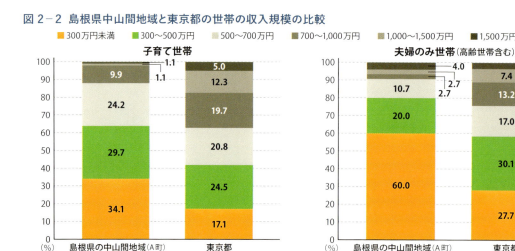

図2-2 島根県中山間地域と東京都の世帯の収入規模の比較

※2013年住宅・土地統計調査より作成
　300〜500万円とは300万円以上500万円未満を示す

中山間地域と大都市部の生活費の違いは何か

　島根県中山間地域に暮らす年収400万円台の夫婦と子どもの世帯を例にとり、大都市部と比較した場合の中山間地域の家計支出の特徴やその理由を確認してみます。

　まず、中山間地域の世帯の家計支出（消費支出）の内訳をみると、支出規模が大きい順に食費、交通・自動車等関係費、住居費（賃貸のみ）、教育費の順となっています。次に、年収400万円以上500万円未満（以下、400〜500万円と略記）の世帯を基準に大都市部の家計支出と比較すると（大都市部の400〜500万円層は18歳未満世帯人員数が少ないため、同数が多い大都市部500〜650万円層も併せて表記）、特徴的なのは中山間地域における交通・自動車等関係費および教育費の高さ、住居費および食費の低さです（表2−1）。その他の光熱費、上下水道費、通信費、保健医療費などでは際立った差はありません。

　交通・自動車等関係費が中山間地域で高いのは、1世帯に車を2台以上所有しているケースも多く、維持・利用コストが高いためです。また、教育費が中山間地域で高いのは、この収入層の世帯に18歳未満人員数が多いためですが、加えて、子どもの遠隔地の高校進学による下宿や寮利用の費用も影響しています（大都市部では18歳未満人員が多くなる600万円以上層で教育費が高くなっていきます）。

　続いて、住居費（賃貸のみ）が中山間地域で低いのは大都市部より賃貸住宅の家賃の相場が低いためです。また、食費が中山間地域で低いのは、おもに外食費、調理食品、生鮮野菜への支出の低さによるものです。図2−3にみられるように、その他の項目には大きな差がなく、飲食店や調理食品などのテイクアウトの利用機会が少ないことが食費の低さに少なからず影響していることがわかります。

表2−1　島根県中山間地域と大都市部の世帯（年収400〜500万円）の1ヵ月の支出内容の比較

		島根県中山間地域 （2人以上世帯）	大都市部 （2人以上の世帯）				
	年収規模	400〜500万円	400〜450万円	450〜500万円	500〜550万円	550〜600万円	600〜650万円
世帯構成	世帯人員（人）	3.5	2.73	2.94	3.03	3.17	3.16
	18歳未満人員（人）	0.85	0.35	0.63	0.67	0.75	0.78
	65歳以上人員（人）	0.20	1.05	0.85	0.73	0.70	0.54
	有業人員（人）	−	1.07	1.20	1.33	1.50	1.51
消費支出項目	食費	57,229	72,572	73,037	74,918	77,001	77,937
	住居費（賃貸のみ）	29,023	70,739				
	光熱費	18,133	14,816	15,023	15,196	15,414	15,268
	上下水道費	5,564	4,934	5,013	4,964	5,355	5,479
	家具・家事用品費	6,992	9,169	9,998	8,409	10,126	9,166
	被覆・履物費	11,272	8,948	9,952	9,942	11,315	12,150
	保健医療費	11,103	12,042	12,481	12,324	12,627	13,015
	交通・自動車等関係費	57,529	16,736	21,101	18,944	26,362	27,126
	通信費	18,297	10,810	12,184	13,008	13,538	14,598
	教育費	21,419	4,397	6,567	10,203	11,855	15,396
	教養娯楽費	18,910	24,436	27,491	27,929	31,014	30,941
	その他の消費支出	21,618	22,824	25,183	21,621	21,253	22,431

※住居についての大都市部のデータは2013年住宅・土地統計f調査（東京都、名古屋市、大阪市平均）を用いて作成
　島根県中山間地域のデータは地域版家計調査（2011〜2015年度）、大都市部データ（住居除く）は2016年全国消費実態調査を用いて作成
　400〜500万円とは400万円以上500万円未満を示す

中山間地域の食材の購入傾向は都市部と異なるのか

　中山間地域と大都市部の食材の購入傾向は大きくは変わりません。肉・肉加工品、魚・魚加工品に加え、調理食品、菓子、油脂・調味料、パン、飲料などの加工品が大きな部分を占めています。他方、米、野菜は、中山間地域でも支出ベースでは食費の約1割を占めるにとどまります。野菜はもらったり自分で育てたりしながらも、どの世帯もある程度は購入するようですが、米は縁故から入手する世帯がさらに多いと考えられ、購入金額は低くなっています。

　また、地元で入手できる米、野菜を除いて、中山間地域の食材の価格は都市部より高くなる傾向にあります。これは、中山間地域の店舗で扱われている食材の大部分が他産地や都市部から仕入れられており流通コストが上乗せされること、店舗が小規模であり大量仕入れ・販売が難しいことも背景にあるようです（図2-3a）。

　加えて、中山間地域の世帯の買い物先別にみれば、どの食材も約5～6割を一次生活圏外の店舗で購入しています。これは、最寄りの店舗で入手できないもの、より価格の安いものを購入するためですが、遠隔地への買い物にともなう移動コストが発生している場合もあると考えられます（図2-3b）。

　以上、中山間地域の世帯の食材購入傾向は基本的には都市部と近いものになっており、中山間地域の世帯は都市部より流通・移動コストをかけてそれらを調達しています。したがって、可能な範囲から中山間地域で調理食品や菓子や野菜加工品の生産体制をつくり、直売所など身近に農産物・加工品を購入できる場所を充実させていくことは、世帯の家計の視点からみても大切です。

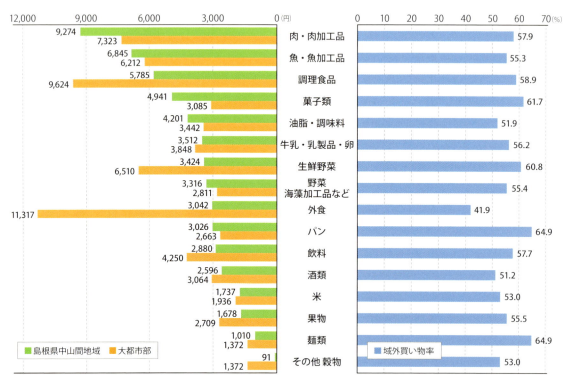

図2-3a　島根県中山間地域と大都市部の世帯（年収400～500万円）の1ヵ月の食費内容の比較

図2-3b　島根県中山間地域の一次生活圏外の店舗での買い物率（金額ベース）

※島根県中山間地域のデータは地域版家計調査（2011～2015年度）、大都市部データは2016年全国消費実態調査を用いて作成

中山間地域における子どもの教育費の家計への影響

　中山間地域において、特に教育費は子どもの進学とともに大きく拡大する可能性があります。図2-4は独身〜結婚〜子育ての各段階の流れに沿って、中山間地域の単身、夫婦のみ、および子育て世帯（子どもの進学段階別）の家計支出を並べたものですが（世帯構成員は50歳未満）、基本的に世帯の支出規模は子どもの進学段階に沿って大きくなります。

　地域版家計調査では、調査対象を自宅から通学できる高校は多くとも1校であり、都市部の高校への進学のため親世帯と別居する可能性があるエリアとしていますので、図中の子どもの教育関連費には高校進学以降、下宿・寮費が発生している世帯が含まれます。下宿・寮費など親世帯との別居にかかる費用は島根県の場合、月平均約5〜6万円であり、加えて下宿・寮と自宅の往復費用などが必要です。

　保険・積立をみると、子どもが小学校に進学した頃から積立額の増加がみられますが、これは将来の高校進学以降の教育関連費の準備に充てることを主目的にしています。ここで図中の〈U〉〈I〉はそれぞれU・Iターン世帯であることを表していますが、特にIターンの子育て世帯では親が若く、子どもも幼いことから、貯蓄額が少ない世帯が比較的多い傾向にあります。これら世帯では、今後、子どもの成長とともに、ある程度の教育費の拡大も予測されることから、世帯の収入強化が必要となり、地元の高校の維持・充実も重要な課題になります（第4節で詳述）。

図2-4　子どもの進学と子育て世帯の教育費の変化（島根県中山間地域）

※地域版家計調査データ（2011〜2015年度）のうち、子育て世帯データ50世帯分から作成
- 子どもの進学度は、長子の進学度
- 世帯の就業状況は、夫婦の職種・就労形態。パート（パートタイム）表記なしの場合はフルタイム就業
- ⓤとはU・Iターン世帯、ⒾとはIターン世帯

ここがポイント！

中山間地域では車の維持・利用コストを低く抑えること、住居費を高くしないこと、食の地元調達を進めること、教育費についての見通しをもつことは、個々の世帯の単位でも、自治体の地域振興や定住施策においても重要な視点です。

*8、9：巻末の用語解説を参照。

3 地域版家計調査データの地域経済循環調査での利用——食料、燃料の所得流出と取り戻しの可能性

第2節でも触れたように、食料、燃料は、中山間地域において生産と消費を結びつける可能性がありながら、多くを地域外から調達し、所得が流出している分野です。域内調達拡大のためにはまず、世帯や事業体の支出状況の把握（地域経済循環調査）を行い、障壁になっていることや、域内調達拡大がもたらす可能性を確認してみてください。

最も流出の多い食料と燃料にこそ取り戻しの可能性が

中山間地域は毎日利用する食料や燃料（木質燃料）を生産できる可能性をもちながら、実際にはほとんど地元生産物の利用がない状況にあります。その結果、食料、燃料は地域で最も所得流出が大きい分野のひとつであり、また、流通コストを上乗せされた食料、燃料の購入を通じ世帯の体力も徐々に損なわれています。したがって、できるものからでも、地元生産物の利用を拡大し、地域の需要を身近な米、野

表2-2 人口4,000人規模の地域の食料、燃料の支出額と所得創出額（現状値、域内調達を拡大した場合）

項目	両町平均 ①食費・燃料への支出額合計（円）	現状の地元生産物調達率が5%では ②地元店舗購入額の合計（円）	③地元生産物の購入額の合計（円）	④所得創出額（円）	地元生産物調達率が30％に拡大した場合 ⑤地元店舗購入額の合計（円）	⑥地元生産物の購入額の合計（円）	⑦所得創出額（円）	⑧所得創出額（増加分）（円）	⑨扶養可能（収入=300万円）（増加分）（世帯）
米	30,987,758	22,045,849	9,035,806	6,431,624	23,314,253	10,954,752	7,227,296	795,672	0.3
パン	29,792,442	17,728,679	994,315	2,158,066	18,030,638	5,623,875	4,394,230	2,236,165	0.7
めん類	10,852,075	5,643,036	1,488,667	1,239,063	5,961,636	2,303,173	1,617,117	378,054	0.1
粉物・穀類	4,771,686	2,047,275	298,471	369,540	2,292,908	1,371,816	889,319	519,779	0.2
生鮮野菜	65,508,552	40,893,369	8,886,616	9,506,269	43,873,743	16,368,498	13,561,562	4,055,293	1.4
野菜加工品	41,839,989	25,555,432	5,826,925	4,918,696	26,795,315	9,357,496	6,312,775	1,394,079	0.5
生鮮果物	23,782,943	15,097,354	2,522,345	3,174,548	15,763,543	5,684,228	5,102,810	1,928,262	0.6
生鮮肉	73,024,833	48,728,087	496,757	4,688,779	50,657,366	17,164,571	11,634,429	6,945,650	2.3
肉加工品	16,343,710	10,959,540	2,949,394	2,255,078	11,388,613	3,719,048	2,552,852	297,774	0.1
鮮魚	73,772,027	36,223,654	0	3,441,247	42,518,676	17,177,730	4,039,274	598,027	0.2
魚加工品	18,763,452	9,819,964	850,985	1,288,737	11,076,328	4,291,327	1,884,915	596,178	0.2
冷凍食品・インスタント食品	34,212,483	14,681,502	0	1,394,743	17,118,085	6,854,689	1,626,218	231,475	0.1
牛乳・乳製品	33,966,236	20,564,298	1,102	1,954,160	22,294,182	7,939,174	5,355,437	3,401,277	1.1
食用油・調味料	45,861,610	25,920,267	6,018,150	5,152,077	28,015,013	10,039,698	6,788,971	1,636,894	0.5
卵	9,633,464	5,762,739	1,434,844	1,182,254	6,270,899	2,370,624	1,397,877	215,624	0.1
菓子	58,817,719	31,500,063	6,027,504	6,231,120	32,201,583	10,271,340	8,353,488	2,122,368	0.7
総菜おかず・弁当など	64,345,163	32,255,709	6,628,971	6,716,747	32,897,381	10,812,216	9,016,365	2,299,617	0.8
コーヒー豆粉・ココア粉・茶葉など	12,197,759	3,845,001	400,173	861,802	4,311,115	1,622,950	1,863,078	1,001,277	0.3
非アルコール飲料	31,301,946	12,653,195	1,042,556	1,941,720	13,542,249	4,697,744	4,103,689	2,161,969	0.7
アルコール飲料	68,822,765	24,067,012	206,000	2,348,166	26,894,958	10,184,549	8,749,070	6,400,904	2.1
外食	96,663,206	28,894,857	914,710	8,668,457	28,998,962	8,699,689	8,699,689	31,231	0.0
燃料／灯油（冷暖房・給湯用）	67,950,016	58,569,392	0	4,099,857	59,171,852	18,460,430	12,296,032	8,196,174	2.7
燃料／重油（冷暖房・給湯用）	28,149,152	10,433,708	0	730,360	15,748,341	8,444,746	4,480,282	3,749,923	1.2
食料 計	845,261,819	434,886,882	56,024,291	75,922,891	464,217,446	167,509,152	115,170,460	39,247,569	13.1
燃料 計	96,099,168	69,003,100	0	4,830,217	74,920,193	26,905,175	16,776,314	11,946,097	4.0
合 計	941,360,987	503,889,982	56,024,291	80,753,108	539,137,640	194,414,328	131,946,774	51,193,665	17.1

パン、総菜、菓子、生鮮野菜、生鮮肉、牛乳・乳製品、木質燃料製造販売などの分野で世帯扶養力が拡大する可能性
新たな所得創出額は5,119万円　扶養可能世帯数は17世帯

※平成27年度中国地方知事会共同研究「地域内調達・循環の促進による所得・定住創出研究」より作成

菜、農産加工品、木質燃料などの生産の担い手が支える形をつくることが非常に重要です。

その実現のために最初に必要なことは、おおよそでもいいので地域の世帯や事業体の食料、燃料への支出額と購入先を把握することです。特に、食料、燃料の分野では世帯からの支出が地域全体の支出額の約7〜8割を占めるため、まず世帯（家計）からの支出を、ついで事業体（福祉施設、学校給食センター、飲食店・宿泊施設、農産加工施設など）を支出規模の大きい順に把握することをおすすめします。

表2-2は当センターが中国5県と共同して鳥取県鳥取市鹿野エリア、広島県神石高原町三和エリア（いずれも人口4,000人程度、一次生活圏）で2016年に実施した地域経済循環調査結果です。

調査時点では食料と燃料（暖房・給湯用の灯油・A重油）への支出額は両町で年間平均9億4,136万円で、8,075万円の所得が創出されていますが、地元生産物の域内調達率を30％に拡大すると、所得が新たに5,119万円創出され、パンや総菜などの加工品、さまざまな農産物の分野で新たな収入源が生まれ、新たな世帯をその地域で扶養する可能性が見出されます。

地域内の主な施設の食料調達の関係をつかむ

図2-5は島根県邑南町（おおなんちょう）A地区（人口880人、昭和の旧村単位）で、地域運営組織、島根県中山間地域研究センターで実施した地域経済循環調査結果に基づいて作成した施設間の食料調達関係図です。本地域では食料への支出が1億3,500万円／年あり、うち約8割が世帯、約2割が事業体（福祉施設、総菜製造施設、保育所など）となっています。

今後は、まず1段階目としてアプローチしやすい事業体の地元生産物調達拡大と農産物供給体制（共同農園等）づくりを進め、2段階目で住民向けの地元生産物販売の場をつくることが計画されています（地元生産物調達拡大にあたっては既存の小売店を含めた調達の仕組みづくりを含め検討しています）。

図2-5 島根県邑南町A地区の施設間の食料調達関係図

※邑南町A地区経済循環調査結果（2016年度）より作成

ここがポイント！

調査では必ず地元店舗や地元生産物を利用できていない理由を確認してみましょう。たとえば入札方法、条例、組織の縦割り、調整の仕組みの不在や供給体制の脆弱性など、地元調達拡大のヒントがあります。

4 地域版家計調査データの教育分野での利用
——高校統廃合が世帯と地域経済に与える影響シミュレーション

中山間地域や島嶼部に立地する高校の統廃合の経済的な影響のシミュレーションは、生徒数の減少、教育体制の縮小と並行してゆっくりと進んでいく、子育て世帯や地域経済への影響を「見える化」するものです。仮に高校統廃合が進むと家計や地域経済や定住条件にどのような影響が及ぶのでしょうか。

高校がなくなった場合を想定して、統廃合の影響を「見える化」

中山間地域や島嶼部では、地元高校の存続についての危機感が高まっており、中国地方各地でも高校、市町村、県が連携して、県外からの就学希望の学生募集や公設塾の運営などの取り組みがみられます。

高校は、地域にとって子弟が無理なく通学できる就学の場、地域に根差す人材育成の場であるとともに、家計や地域経済にも大きな影響を与えます。したがって、高校存続の検討にあたっては、"高校がなくなればその地域の家計や、長い目でみれば定住にどう影響を及ぼすか"の予測が重要です。実際には、

高校統廃合は地元中学校の生徒数減少→高校の生徒数減少→クラス数減少→教員の減少とさまざまな進路希望の生徒への対応力低下→さらなる生徒数減少の流れが年数をかけて生じます。そこで高校がなくなった場合を想定することで、見えにくい形でゆっくりと大きくなる影響をより明確に確認することができます。

図2−6は、地域版家計調査のデータを用いて、中国地方の島嶼部にあるA高校がなくなった場合の子育て世帯の家計への影響を予測したものです。この

図2−6 高校へ自宅から通学する場合と下宿・寮を利用する場合の家計への影響シミュレーション(島嶼部)

※田舎くらし設計を用いて作成

作業は、地域の子育て世帯の年収、子どもの進学に備えた貯蓄額、高校・大学在学中の教育費（塾・習い事を含む）、下宿代・交通費などのデータを概数でもそろえれば実施可能です。なお、今回は世帯を、夫婦と子ども2人（中学3年生と同1年生）、年収は400万円、高校がなくなった場合、2人とも通学のため寮・下宿の利用が必要で、大学へ進学すると想定しています。

結果は［パターン2］ですが、別居による新たな費用を月5万円（寮・下宿代および月2回程度の実家〜高校往復費、別居がなくても必要な教育関連費や生活費は除外）とすれば、子ども2人の高校就学期間で新たに計360万円の費用が生じ、親世帯の貯蓄が減少します。［パターン1］（自宅から高校に通学）と比較して、より多くの奨学金を利用し、親からの仕送りを無くしても、収支は悪化してしまいます。

また、実際には年収400万円未満の世帯も多く、これら世帯にも高校進学では同様の負担が発生します。このような教育費負担の増加や教育選択肢の狭まりは、子育て世帯の定住条件を悪化させることから、地域の活力維持には、地元高校の維持・充実は非常に重要であることがわかります。

高校がなくなった場合の経済的影響を推計すると

図2-7は、参考までに、A高校の生徒数が1学年40名、学校教員数20名として、高校がなくなった場合の経済的影響を推計したものです。これも親との別居により新たに子どもに必要になる費用に加え、教員1人当たりの地元での1ヵ月の買い物・サービスへの支払額を概数でも把握できれば算出できます。本推計では、親世帯との別居による新たな費用として年間7,200万円、教師がいなくなることにより発生する小売・サービスなどの売上減少額として年間1,571万円の地域外への流出が推計されます。

図2-7 自宅から高校通学する場合と下宿・寮を利用する場合の家計への影響シミュレーション（島嶼部）

1．高校がなくなった場合、子育て世帯に新たに発生する負担＝地域外へ流出する所得額の推計（1年間）

❶×❷＝ 72,000,000円

❶：遠隔地の高校に就学すると想定される生徒数（1学年40人×3学年）……… 120人
❷：生徒1人当り親との別居で発生する教育関連費負担額 ……… 600,000円
※年60万円＝月5万円×12カ月（月5万円：寮・下宿代および月2回程度の実家〜高校往復費）

2．高校がなくなり、教師がいなくなった場合に発生する地域の小売・サービス等の売上減少額（1年間）

（❸×❺）＋（❹×❻）＝ 15,712,000円

❸：教師減少数（単身）……… 19人
❹：教師減少数（夫婦＋子ども1人）……… 1人
❺：教師1世帯当たりに発生する小売・サービス業の年間売上（単身）……… 728,000円
※値は島根県中山間地域研究センター 地域版家計調査データから算出した単身世帯年間支出の平均値
❻：教師1世帯当たりに発生する島内の小売・サービス業の年間売上（夫婦＋子ども1人）……… 1,880,000円
※値は島根県中山間地域研究センター 地域版家計調査データから算出した核家族世帯年間支出の平均値

※地域版家計調査データ（2011〜2015年）を用いて作成

ここがポイント！

高校の統廃合の経済的な影響のシミュレーション結果はいまの世代だけでなく、次の世代がどのような影響を受けるのかを予測するものだととらえ、対応策を考えていく必要があります。

5 地域版家計調査データの定住分野での利用
——定着に向けた家計の見通しづくりの支援

島根県中山間地域研究センターでは、移住世帯の「家計の見通しづくり」のサポートを行っています。ここで大切にしているのは、実現したいものと長期の家計収支のバランスです。今後は、自治体や定住支援や人材確保に取り組む都道府県の外郭団体、民間企業などがさまざまな人材誘致のための移住家計モデルづくりを進めていくことも重要となります。

移住世帯の家計収支をシミュレーションする

近年、中国地方でも若者定住の動きがより力強いものとなっています。2010～2015年には20～40代人口が中国地方の市町村の約4割で増加しており、中山間地域での増加傾向もみられます。今後、これら移住世帯の定着が大切であることは論を待ちません。特に中山間地域に関しては、これまで述べてきたように、"都市部より収入が低くなる"、"車や住居費はじめ生活費構成が異なる"、"子どもの教育費支出が進学とともに拡大する"などの特徴をふまえ、それぞれの世帯が具体的な「家計の見通し」をもつことが重要です。

ただし、"見通し"を立てる際、お金のことのみに終始すべきではないと思います。移住者の多くは、都市部にいたときよりも家族と一緒の時間をもつこと、自己実現に多くの時間を使うことを望んでいます。移住したのに「このくらいの生活費、教育費のためには、このくらい収入が必要だと思い働いていたら、自分や家族の時間がなくなっていた」では本末転倒です。要は実現したいことと家計のバランスが大切なのです。

定着には、移住を促進する自治体による見通しづくりの支援も今後は重要です。たとえば、農業や林業での担い手確保、あるいはIT技術者や医療・福祉従事者などの確保を目的とした移住促進を進める場

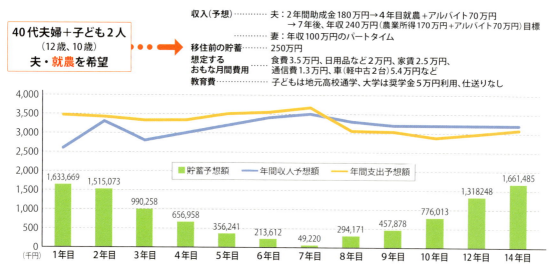

図2-8 子育て世帯が就農するケースでの将来の家計収支シミュレーション

※田舎くらし設計を用いて作成

合、専門家と連携して、それぞれのケースで子育て費用まで含めた長期の家計収支モデルをつくり、情報提供することが必要となります。

第1節で紹介したように、島根県中山間地域研究センターでは将来の家計収支予測ソフト『田舎くらし設計』（35頁参照）を用い、実際に移住者の家計設計や自治体などのさまざまな移住モデルづくりの支援をしています。

図2-8は子育て世帯が就農する場合のシミュレーション、図2-9はIT技術者が都会から地方に移住する場合のシミュレーションです。このように、市町村や専門機関の依頼を受けて、子育て終了期までを想定した場合の収入規模や生活費、教育費の設計のポイントなどについての情報を提供しています。

第2節や第4節でも触れましたが、特に、子育て世帯、あるいは将来、子どもをもちたいと考えている世帯の中山間地域の移住に際しては、教育費は非常に重要なファクターとなります。「家計の見通し」をもつとは、自分や家族が実現したいことをふまえ、将来に向けて"働き方"と"収入"と"家族の時間"と"子どもの教育費"のあいだでどうバランスをとるか、覚悟をもつことだと思います。

たとえば、「家族がいきいきと一緒に暮らす時間を重視して、あとは子どもにやる気と目的意識があれば奨学金を使って大学進学できる程度の収入水準になるよう働こう」「子どもの望む進路の実現のための収入確保を最優先に一生懸命働こう」、いずれも覚悟のもち方だと思います。

図2-9 IT技術者が都会から地方に移住するケースでの将来の家計収支シミュレーション

※田舎くらし設計を用いて作成

ここがポイント！

今後は、就農支援や、企業や自治体の人材誘致などにおいても、「家計の見通しづくり」を組み込んだ取り組みが必要です。たとえば就農支援では営農計画づくりは支援されますが、農業収入を含めた家計収支の設計は未着手の場合が多いと考えます。人材の定着率を上げるためには「家計の見通しづくり」が重要です。

6 地域版家計調査の進め方とポイント

地域版家計調査は、地域の世帯構成や立地的特徴をふまえた家計の把握を目指しています。また、調査を実施するにあたっては、調査データを最大限活用できる調査体制をつくるとともに、調査を通じて個々の世帯の家計の見直し効果が上がるよう心がけています。

地域版家計調査の特徴と実施の手順

これまで第1～5節で示してきた数値の多くには地域版家計調査のデータを使用しています。

地域版家計調査は、主に中山間地域を対象に、小さなエリア（一次生活圏、人口規模4,000人未満を想定）で世帯の家計の把握を行い、世帯の"家計"、地域運営組織や地元店舗などの"経営"、"地域経済"の改

図2－10 地域版家計調査の手順

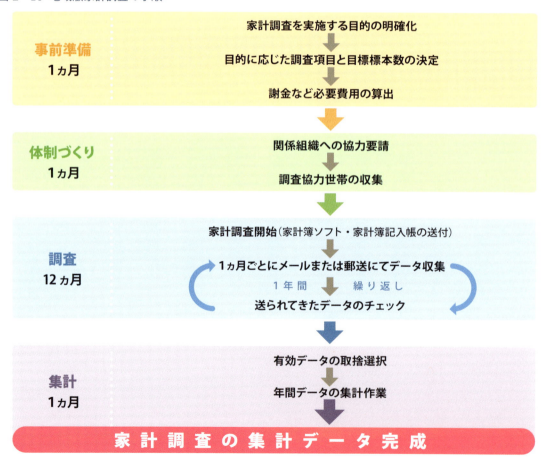

善、そして市町村自治体などの施策・事業設計を支援することを目的としています。

　なお、国の家計調査である「家計調査年報」（全国平均の家計収支の時系列の動きの把握を目的に毎月実施）と「全国消費実態調査」（家計収支・貯蓄・資産などの水準・構造・地域別特徴の把握を目的に5年おきに実施）を比較すると、これら二つの調査が広域でのマクロ的な消費動向や実態把握に向いているのに対し、地域版家計調査はより小さな単位で地域の世帯構成や立地的特徴をふまえて家計や世帯の購入先などを把握するのに向いています。

　図2−10は地域版家計調査の実施の手順です。実施主体は自治体や各種専門機関を想定しており、調査協力者に地域版家計簿ソフトあるいは紙ベースの家計簿帳（島根県中山間地域研究センター開発）を配布、入力（記入）してもらい、月ごとにメールで送信（送付）されるデータをチェックしながら調査を進めます。

調査を通してデータ活用の体制ができ、各世帯で家計の見直しが進む

　地域版家計調査では二つのことを重視しています。

　ひとつ目は調査データを最大限活用できる調査体制づくりです。たとえば、市町村の企画振興部署が家計調査を実施する場合、定住担当課、子育て支援担当課の協力を得られれば調査対象者の確保をよりスムーズに進めることができますし、またこれまで紹介したさまざまな方法でデータ利用を進めることができます。島根県中山間地域研究センターでも調査を実施する際は市町村の定住コーディネーターや定住支援NPO、定住支援外郭団体と連携しています。

　二つ目は、調査対象世帯の家計簿ソフトをつけることによる家計の見直し効果です。名前のとおり本ソフトは単なる支出の入力シートではなく、入力したデータを集計して表示する家計簿ソフト機能をつけており、また、調査対象者自身が身近な地域でどのくらい買い物をしているか確認できるようになっています。

　調査は客観性が重視されますので、この家計簿機能については賛否両論があると思いますが、本調査の本来的な目的は、住民のみなさんに見通しをもったお金の使い方をしてもらうこと、地域でお金を使ってもらうことですので、調査自体が直接その役割を果たせるなら、その機会を最大限生かすべきだと考えています。そして、実際、この調査を機に家計簿をつけはじめた世帯があることをよく聞きます。

　このように、地域版家計調査は、家計、経営、地域経済の三つのレベルでお金の使い方・付き合い方を再確認・再構築し、より持続的なものにする、いわば"地域経済の自治力"を高めることを目指しています。

ここがポイント！

地域版家計調査の目的は、単に小さな単位で家計の実態を把握し、世帯や自治体に有用な情報を提供するのみならず、調査を通して、個々の世帯や地域のさまざまな団体や自治体が"持続性"をキーワードに自らのお金の使い方を再確認し、お金と付き合う力を高めることを支援することにあります。

column

働き方と家族の時間と地域経済循環

　島根県中山間地域研究センターとLLP came. labは共同して、2016年から新たに「働き方と家族の時間調査」を始めました。子育て世帯を中心に収入、職業と自宅から職場までの距離、家族構成、家族の1日と1週間の時間の使い方、家族の時間を豊かにする工夫をアンケートとヒアリングで調べるものです。この調査を開始したきっかけは、地域版家計調査に携わりながら、第5節で述べた、移住後、「このくらいの生活費、教育費のためには、このくらい収入が必要だと思い働いていたら、気がつくと自分や家族の時間がなくなっていた」というケースを時折耳にしたことでした。

　どうも家計収支と生活費、教育費だけに目をやっていると、豊かな暮らしを求めて都市部から移住したはずなのに最初に大切にしていたものを失ってしまうのではないか、と私たち研究チームは考え進めていきました。そのときに出てきたキーワードが"家族の時間（家族が一緒の場にいる時間）"と"親の働き方"と"一緒の時間を豊かにする工夫"でした。

　そこで、実際調査を始めてみると、まだ調査数は少ないですが、二つの可能性がみえてきました。ひとつは、中山間地域でも家族が一緒にいる時間は親の働き方と自宅から職場までの距離に影響を受けているのではないかということです（図2－11）。たとえばケーススタディから、家族の時間が一番長いのは自宅で自営業の世帯、短いのは親がフルタイムで共働きの世帯と、自宅と別の仕事場で自営業の世帯という特徴がでてきています。

　共働きは働く時間の占有度が高いのでわかりますが、自営業でも暮らしの空間との重なりがなければ家族の時間が減るのは意外でした（もちろん、家族の時間は時間を使う工夫にも大きく影響を受けています）。二つ目は、そうであるとすれば、地域に自営業や職住近接の職場が生まれれば、家族の時間は増えるということです。そして、地域に自営業や職住近接の職場が生まれれば、地域のなかで住民と農業、農産加工業、林業、小売業、サービス業などさまざまな生業同士の売買がたくさん行われ、地域経済循環が強化されていくのではないでしょうか。

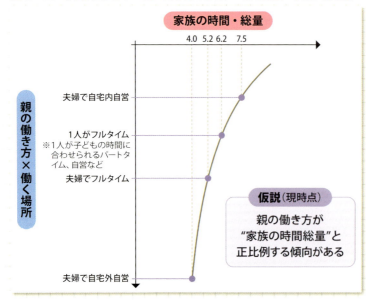

図2－11　中山間地域での親の働き方と家族の時間総量の関係（仮説）

※働き方と家族の時間調査（2016年度）より作成

　そういうわけで、私たち研究チームでは、「地域版家計調査」を縦軸に「働き方と家族の時間調査」を横軸として、地域の暮らしと経済をとらえていくことを進めていきたいと思っています。

第3章

食の地産地消で所得を取り戻す

本章では、前半において第1章で紹介した環境省研究のなかから、福井県池田町の調査結果を活用し、食の地産地消の現状と課題、そして今後の地方都市圏も含めた発展の可能性を明らかにします。

後半においては、品目別や生産農家の費用構成あるいは商店種別の域内循環率の違いなど、さまざまな角度で食に関わる経済循環の様相を紹介します。また、地産地消で成果を上げているスーパーマーケットの事例も示します。

1 池田町における食の地産地消の現状
―― 町全体の状況と家計調査から見えてきたこと

まず第1節では、食の地産地消状況について、福井県池田町（人口2,638人）の事例を取り上げ、その概要と家計調査の結果を紹介します。池田町は、県庁のある福井市から車で40分くらいの山間の盆地にある町です。

食料品の7割以上を域外で購入、地元産の割合は1割未満

池田町は、福井市に近く通勤も可能なため、食料購入額の73％が域外となっています。また、域内で購入する場合も、地元産の割合は3分の1となっており、食料品全体の地元産の割合は9％にとどまっています（図3-1）。食の地産地消の観点からは、向上の余地がおおいにあります。

食料品目別の域内購入率をみると（図3-2）、世帯では、米と粉物・穀類を除くとすべて3割未満となっています。給食センターや福祉施設などの事業体では、全般的に世帯よりも高くなっており、継続的に域内の商店などから購入している様子がうかがえます。

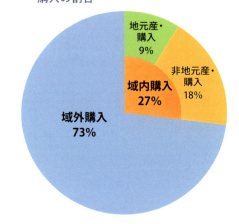

図3-1 池田町における食料部門の域外購入と地元産購入の割合

※環境省研究による。以下、図3-13まで同じ（表3-4はのぞく）

図3-2 福井県池田町における食料品目別の域内購入率

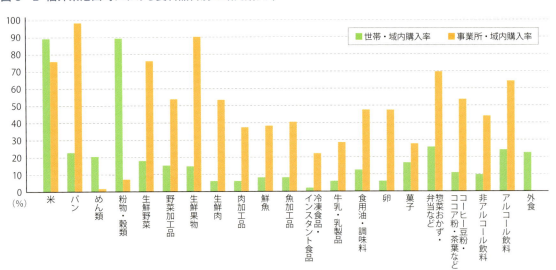

家計調査による食料品目別の域内外の購入割合と地元産購入率

　図3-3は、池田町の家計調査結果を、域内と域外の購入額で区分して示したものです。域外購入の総額は、域内購入の総額の3倍以上となっています。購入額が大きな品目では、唯一、米だけが域内での購入が大半となっています。さらに生産農家までの事業体調査の結果も加えて分析すると、図3-4に示したように、食料品目別の地元購入率は、この場合も米を除いて極めて低い割合にとどまっています。ただし、このような地域内での購入率や生産率の低さは、池田町にかぎった傾向ではありません。第2章でも紹介しているように、中山間地域における全国的な課題となっているのです。

図3-3　福井県池田町における住民1人当たりの食料品目別購入額

図3-4　福井県池田町における食料品目別の地元産購入率

> **ここがポイント！**
>
> このように1人当たりの数値をグラフなどで示すと、いかに自分たちが域外で食品を買っているか、一目瞭然ですね。そうした自覚が実際の取り組みにつながります。

2 野菜とパン、地元でつくればこれだけ違う

池田町をはじめとする中山間地域では、域内購入率だけでなく、地元生産率もずいぶん低くなっています。では、地元産の場合と地域外でつくられた場合で、地域内に生じる所得はどのくらい違うのでしょうか？ 消費から生産までをカバーする調査をすれば、消費段階のスーパーマーケットなどだけでなく、生産段階の農家なども含めた所得創出額の違いがちゃんと出てきます。

産直市で地元野菜 vs スーパーマーケットで他所の野菜 ── その差は5倍！

最近、全国どこでも、産直市が大人気ですね。新鮮でおいしく、値段もお得。そして、一人ひとりの農家さんの名前入りで、とっても安心感があります。

では、産直市で地元の農家が育てた野菜を買う場合と、全国チェーンのスーパーマーケットで地域外の野菜を買う場合では、どのくらい地域全体に生じる所得に違いがあるのでしょうか。図3-5は、環境省調査の事業体調査サンプルのデータに基づき、同じ1,000円分の野菜を買った場合、地域内に生じる所得額の違いを示したものです。販売員が全員地元雇用とすれば、販売段階の人件費は110円で同一ですが、産直市の場合は、域内循環の第2段階として、産直市に出荷する農家に生産者所得が生まれます。そして、細かくいうと、域内循環の第2段階として、農家が域内から苗などの資材を購入すれば、その販売人件費も生まれます。

こうして、スーパーマーケットで地域外の野菜を買う場合に比べて、産直市で地元の農家が育てた野菜を買う場合は、総額で5倍近い地域内所得を生み出すのです。

図3-5 1,000円分の生鮮野菜を買った場合の地域内所得創出額の違い

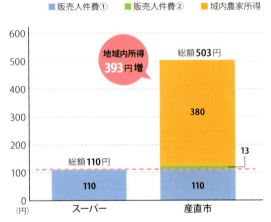

※販売人件費①は、販売商店の人件費（販売額の11％）
※販売人件費②は、苗などの資材の域内購入により発生するもの（資材総額120円分の11％分）

地元で焼いたパン vs 外から仕入れたパン ── その差は4倍以上！

では最近、全国の中山間地域で増えているパン屋さんについては、どうでしょうか。

図3-6に示したように、野菜と同じく、域外でつくられたものを仕入れて売っているだけでは、たいした所得になりません。一方、地元で手間暇かけて焼いたパンでは、所得額は一気に4倍近くになります。そして、小麦粉などの主要な材料を地元の農家から仕入れると、販売価格の半分近くは、地元の所得へと変わるのです。

「外からのパンのほうが安いから得だ！」という人

もいるかもしれません。しかし、1個100円の域外製のパンと1個150円の原料も含めて地元製のパンについて、先ほどの地元での所得発生率をかけて計算すると、実は50円という価格差以上の所得差が生じています（58円分）。安いからといって、域外のものばかり買っていると、地域経済としては「身ぐるみ剝がれる」ような結果を招いてしまいます。

何よりも、パンは「生鮮食品」です！　地元の原料を使った焼きたてのパン、それはおいしい幸せの香りです。

図3-6　1,000円分のパンを買った場合の地域内所得創出額の違い

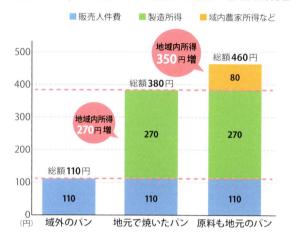

地元の小麦粉とバターを使って製造するパン屋さん（富良野市）

※販売人件費は、販売商店の人件費（販売額の11％）
※製造所得は、パン製造の人件費（販売額の27％分）。自家製造分については、より専門性の高い仕事に対するものとして、報酬率は高まる
※農家所得などは、小麦粉などのおもな原材料の生産によるもの

図3-7　安いからといって域外のパンを買うと……

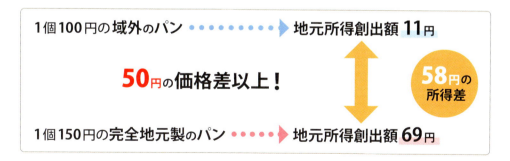

ここがポイント！

地元の食品を買う本当の効果は、生産段階まで遡るとわかってきます。消費時点で産地や生産者などがわかるような情報提供をしたいものですね。

3 農家、飲食業、福祉施設などのお金の流れ

本節では、より各分野の経営に踏み込んで、食料に関係するお金の流れをみていきましょう。地産地消も、業態ごとの課題や事情を考えた取り組みが、効果を広げていくのです。

農家まで届いたお金はどうなる？

前節では、域外から安易に仕入れるのではなく、域内での生産に切り替えると、農家やパン屋といった生産者の手元にしっかりお金が届くことを説明しました。

それでは、農家まで届いたお金は、それからどうなるのでしょうか。

図3-8は、福井県池田町の農家からのヒアリングにより得られた農家の売上額を構成する経費などの内訳です。これは、仕入額ですから、販売人件費などを差し引いた原価の中身を示しています。

まず野菜のほうが米よりも農家の取り分が多いことが注目されます。これは、米づくりには、かなり大規模な機械などへの投資が必要とされることが影響していると考えられます。また、種・苗、農薬・肥料などの資材、そして燃料代などの合計が4割程度を占めています。こうした中間投入財は、地元の農協などで購入する場合が多いのですが、そのほとんどは地域外で生産されます。したがって、機械代なども含めて、販売人件費（販売額の11％程度）を除いて、大半は地域外へと流出していくことが懸念されます。そうすると、米の場合は売上の3分の1程度、野菜であっても半分強しか、所得として地域内に残らないことになります。

ですから、農業を支える種や肥料、そして燃料などの地域内供給、あるいは無駄な機械への出費を抑える共同利用の促進などが求められるのです。

図3-8 野菜と米における売上額を構成する所得と経費の内訳

※池田町でのヒアリングをもとに、農業関係の既存データを加味して算定

飲食店、観光施設、福祉施設などは、どれだけ地域経済に貢献している？

では、農家以外の業種の状況はどうでしょうか。

まず、飲食店や観光施設における域内の仕入率や地元産の割合を、表3－1でみてみます。この分野においても、原価を抑える必要からか、一般的に域内の仕入率はあまり高くありません。そして、地元産の割合も、多くは1割程度にとどまっています。このような状態では、そこの施設で飲食などをしても、原材料費の多くの部分は、域外に流れ出てしまいます。

また、それは、直接的な損失にとどまりません。これだけ地元産の割合が低いということは、その土地ならではの特色あるメニューになりにくいことが心配されます。どこでも食べることができる料理では、全国チェーンの味に対抗できないのではないでしょうか。

地元産を高めることは、地元ならではの付加価値を付ける差別化戦略としても重要です。

表3－1 飲食店や観光施設における食料の域内仕入率と地元産仕入率（2016年）

業種	分野	年間仕入額(万円)	域内仕入率(%)	地元産仕入率(%)
レストラン	飲食	917	28	13
らーめん屋	飲食	384	17	14
蕎麦屋	飲食	265	4	0
観光施設A	宿泊	983	73	54
観光施設B	宿泊	810	5	2

表3－2 公共施設や福祉・子育て施設における食料の域内仕入率と地元産仕入率（2016年）

業種	分野	年間仕入額(万円)	域内仕入率(%)	地元産仕入率(%)
給食センターA	公務	2109	22	12
給食センターB	公務	1107	49	30
老人福祉施設A	福祉	1011	77	33
老人福祉施設B	福祉	435	68	5
保育園A	子育て	637	99	23
こども園A	子育て	456	98	5

※表3－1・3－2ともに、島根県邑南町瑞穂地区、福井県池田町のヒアリング事例からピックアップ

ここがポイント！

生産者までお金が回っていっても、そこでごっそり域外に所得が流出するともったいない話です。各分野の施設でも域内貢献の度合いを共有し、働きかけていきたいものです。

4 スーパー、コンビニ、産直市での お金の流れ

私たちが一番よく買い物にいくところは、スーパーマーケットとコンビニエンスストアではないでしょうか。そこで使ったお金はどう流れていくのでしょう。産直市とも比べて分析してみます。ただ、スーパーマーケットでも地産地消でがんばっているところもあります。

スーパーとコンビニからは大きくお金が域外に流出

　第2節の所得創出額の違いでもみたように、域外産の商品しか売っていないスーパーマーケットでは、ほぼそこで働く人の賃金部分しか、お金は域内に残りません。では、実際には、どのくらいスーパーマーケット（以下、スーパー）やコンビニエンスストア（以下、コンビニ）では、域内からしかも地元産の商品を仕入れているのでしょうか。

　表3-3は、各自治体のヒアリング事例からまとめたものですが、大手の全国チェーンのスーパーやコンビニでは、地元からの仕入はゼロに等しく、当然ながら地元産の商品もほとんど並んでいません。その結果、こうしたスーパーやコンビニで買い物をすればするほど、多くのお金が域外に逃げていく結果となります。

　より小規模なJAスーパーや一般的な食料品店においても、その比率はあまり高くありません。地元の生産農家などからの仕入のチャンネルができていないことが背景にあります。

　一方、産直市では、域内の仕入比率も生産比率も5割を超えており、地域内での所得の確保に大きく貢献しています。ただ、ヒアリングをしてみると、多くの産直市は、高齢農家の引退による出荷量の伸び悩みという課題に直面しています。また、消費者のなかには、産直市が開いている場所や時間に行きづらい場合もあります。今後は、産直市で直接販売する以外に、スーパーやコンビニ、食料品店と提携して、地元産野菜などのより裾野の広い販路を開拓していく戦略も必要となるのではないでしょうか。そうして確保された需要により、若い世代の就農を可能にしていくのです。

　地域社会において、あらためて生産と消費の現場を結び直す取引ハブのような機能が、食の地産地消には、不可欠と思われます。

表3-3 産直市、スーパー、コンビニ、食料品店における食料の域内仕入率と地元産仕入率

業種	分野	年間仕入額(万円)	域内仕入率(%)	地元産仕入率(%)
産直市A	直売所	26,221	72	53
産直市B	直売所	9,320	61	55
大手全国スーパー	スーパー	163,014	1	1
JAスーパー	スーパー	9,319	8	8
大手コンビニA	コンビニ	9,337	0	0
食料品店	一般店	5,800	5	5

※長野県富士見町落合地区、島根県邑南町瑞穂地区、福井県池田町のヒアリング事例からピックアップ

地産地消で勝負！ ── スーパーマーケット「キヌヤ」の挑戦

すべてのスーパーマーケットが、食の地産地消に背を向けているわけではありません。

島根県益田市に本社がある「株式会社キヌヤ」（以下、キヌヤ）は、島根県西部から山口県の日本海側にかけて21店舗を有する地方スーパーマーケットです。キヌヤは、その徹底した地産地消の取り組みにより、流通業界で全国的に注目される存在となっています。

キヌヤは、「商業を通じて地域社会に奉仕しよう」という社是を掲げ、「ローカルブランド」と呼ぶ地元産品の売上を全体の2割にするという目標を立てています。地域外や海外からの大量仕入れ・大量販売を軸とする大手の全国チェーンとは、一線を画した方針です。

まずキヌヤでは、各店舗とも正面玄関を入った「一等地」に、野菜を中心とした地産地消コーナーを置いています。生産者は15％の手数料を払えばここに出荷でき、値段も自分でつけます。売れ行きもPOS[*10]と連動しているので、生産者の携帯電話にメールが入る仕組みです。ただし、売れ残りは自分で引き取ります。2016年に新装開店となった「益田ショッピングセンター」のキヌヤには、デモキッチンまで備えられ、料理とも連動した販路拡大を目指しています。

キヌヤは最近では、加工食品の地産地消にも力を入れ、地元業者との共同開発にも乗り出しています。そして、地元の加工食品の売り場にも目立つようなマークや掲示がしてあります。

キヌヤに出荷する農家や事業所は、「ローカルブランドクラブ」の会員となり、情報の共有や共同の研修に参加できます。2011年1月に、237（個人147名、法人90社）だった会員数は、2015年8月には607（個人355名、法人252社）にまで伸びています。

このような取り組みにより、食品部門の123億円の総売り上げ中、ローカルブランドは19億円・15.8％を占めるまでになっています。この結果、地元からの仕入金額は16億円にもなっており、社是が目指す地域社会との共存共栄を具体的な形で実現しつつあります。

表3-4 キヌヤの地元産比率上位10品目（2015年）

品目	地元産比率(%)	品目	地元産比率(%)
❶卵	82.5	❻生魚	21.2
❷米	51.0	❼果物	16.5
❸牛肉	46.3	❽パン	15.3
❹野菜	27.4	❾塩干魚	12.4
❺豚肉	21.6	❿鶏肉	9.3

※キヌヤ提供資料より

デモキッチン

加工品コーナー

野菜コーナー

ここがポイント！

全国チェーンのスーパーやコンビニでは、地元産仕入率がとても低く、所得の吸い出し装置となっています。キヌヤのような取り組みを応援していきたいですね。

*10：店舗のレジと連動して単商品の売上を集計し、売上や在庫などを管理するシステム。point of salesの略

5 池田町における食にかかわる所得の流れ
—— 流出した所得に目をつける

第5節では、再び福井県池田町全体の食にかかわる所得の流れを整理して、今後の所得取り戻しに向けた準備作業を行います。一見、地域外からの需要で、池田町の食にかかわる所得の多くが生み出されているように見えます。しかし、その裏側で大きな所得が流出しています。

食料品の7割以上を域外で購入、地元産の割合は1割未満

表3-5は、池田町内の世帯・事業体による各品目の購入状況とそれに関わる所得創出額をまとめたものです。

地元産購入の状況については、品目数がかぎられるだけでなく、品目ごとの購入額も低く抑えられています。そのため、販売時に生じる人件費所得は、幅広い品目で発生していますが、生産者所得については、かぎられた品目で金額も伸び悩んでいます。全体としては、販売段階の人件費総額が生産者所得総額を上回る結果となっています。

販売人件費と生産者所得を合計した域内所得では、やはり米、生鮮野菜、総菜おかず・弁当といった域内でしっかり生産をしている品目が高くなっています。

そして、何といっても、域外購入額は巨大で、域内購入額の3倍近くになっています。

表3-5 福井県池田町域内の世帯・事業体による購入状況と所得創出額（2016年）

（単位：円）

地域区分	域内の世帯・事業体による域内購入分					域内世帯・事業所
品目	域内購入額	地元産購入額	人件費所得	生産者所得	合計所得	域外購入額
米	44,263,767	23,489,452	4,246,054	5,454,823	9,700,877	6,742,662
パン	7,287,116	2,534,140	570,781	16,194	586,975	14,679,500
めん類	1,305,002	447,774	143,942	0	143,942	16,450,387
粉物・穀類	2,944,906	89,383	325,429	23,626	349,055	3,147,318
生鮮野菜	15,091,681	7,317,440	1,621,713	3,000,711	4,622,424	26,287,123
野菜加工品	7,864,573	3,789,021	843,394	1,572,571	2,415,965	20,993,223
生鮮果物	2,206,374	18,212	243,187	0	243,187	5,743,005
生鮮肉	5,229,404	0	572,401	0	572,401	35,169,914
肉加工品	1,077,925	0	118,153	0	118,153	8,718,914
鮮魚	4,032,817	2,298,180	440,729	551,563	992,292	23,491,202
魚加工品	2,989,653	353,916	326,910	112,289	439,199	9,034,839
冷凍食品・インスタント食品	1,253,455	0	137,676	0	137,676	25,234,902
牛乳・乳製品	2,003,893	0	220,428	0	220,428	17,413,209
食用油・調味料	4,939,116	1,623,303	427,301	581,635	1,008,936	19,468,521
卵	552,461	0	75,219	13,273	88,492	4,403,771
菓子	10,287,915	4,744,083	926,813	1,606,464	2,533,277	49,505,442
総菜おかず・弁当など	24,510,478	16,435,269	2,173,377	5,243,079	7,416,456	61,372,451
コーヒー豆粉・ココア粉・茶葉など	1,336,981	80,523	147,754	0	147,754	6,714,956
非アルコール飲料	3,772,320	64,093	417,986	0	417,986	23,970,566
アルコール飲料	24,036,974	0	2,644,067	0	2,644,067	66,815,404
外食	17,262,439	0	5,896,954	0	5,896,954	59,618,219
合計	184,249,249	63,284,789	22,520,268	18,176,228	40,696,496	504,975,528

域外からの購入がより大きな所得を創出しているのはなぜ？

次に域外の世帯・事業体から池田町内の商店などで購入した場合の金額や関連する所得の発生についてみてみましょう（表3-6）。ただし、この表の金額には、福井市内で池田町が運営するアンテナショップ「こっぽい屋」での売上が入っています。

まず、購入金額全体は、4億円を超え、池田町内の世帯・事業体の域内購入額を2倍以上（2.3倍）上回っています。その結果、販売段階で生じる人件費所得も、2倍以上（2.3倍）となり、5,000万円を超えています。特に注目されるのは、生産者所得が4.5倍に伸びていることです。これは、地元産の購入額が全体の購入額の比率以上に大きくなっているため（3.7倍）です。また、合計所得も3.3倍と、購入金額よりも大きな比率で増えています。

池田町のように小規模な地域では、地域住民などによる域内消費よりも地域外からの顧客による域内消費が大きくなり、経済効果も大きいという現象がよく起こります。ただ、この事実をもって「地産地消を進めてもダメだ！」と主張するのは早計です。

第一に、池田町の場合、所得効果が大きい品目は、すべてしっかり「地産」しているものです。域外でつくられたものを仕入れて売っているだけではダメなのです。第二に、域外の世帯・事業体が池田町に来て使っている金額（4.2億円）よりも、実は池田町の世帯・事業体が域外で使っている金額（5億円）のほうが大きいという事実です。

やはり、これから地産地消を進めていくことに、迷ってはいけないということです。

表3-6 福井県池田町域外からの購入状況と所得創出額（2016年）
(単位：円)

地域区分 品目	域外の世帯・事業体による域内購入分				
	域内購入額	地元産購入額	人件費所得	生産者所得	合計所得
米	4,664,866	4,664,866	1,462,589	2,475,527	3,938,116
パン	7,858,783	7,858,783	1,276,313	69,579	1,345,892
めん類	1,224,742	257,414	135,459	573	136,033
粉物・穀類	0	0	28,862	96,791	125,653
生鮮野菜	39,818,445	32,362,006	6,135,953	23,786,202	29,922,154
野菜加工品	60,035,743	47,011,813	7,174,060	15,737,969	22,912,029
生鮮果物	11,741,696	243,904	1,297,940	0	1,297,940
生鮮肉	21,945,599	0	2,427,769	1,046	2,428,815
肉加工品	5,282,281	0	583,589	414	584,003
鮮魚	16,295,699	8,096,820	1,756,837	1,934,426	3,691,263
魚加工品	25,847,156	21,607,677	2,847,077	5,818,049	8,665,126
冷凍食品・インスタント食品	10,722,670	0	1,212,471	22,755	1,235,226
牛乳・乳製品	9,099,252	0	1,001,255	39	1,001,294
食用油・調味料	39,722,799	23,386,697	4,568,751	7,311,381	11,880,132
卵	3,990,527	0	702,017	274,463	976,480
菓子	51,515,491	25,231,222	6,312,203	6,687,706	12,999,909
総菜おかず・弁当など	100,414,946	65,771,466	12,255,098	17,145,401	29,400,499
コーヒー豆粉・ココア粉・茶葉など	1,905,295	261,977	215,071	3,553	218,624
非アルコール飲料	10,871,833	226,076	1,210,742	10,408	1,221,150
アルコール飲料	1,426,179	0	139,535	0	139,535
外食	0	0	0	0	0
合計	424,384,000	236,980,719	52,743,591	81,376,282	134,119,873
域内世帯・事業所の域内購入分との比率	2.3	3.7	2.3	4.5	3.3

ここがポイント！

特定の特産品に特化するモノカルチャー経済では、その品目の派手な売り上げの割に、他の品目での所得流出が多くなります。バランスが重要なのです。

6 食の地産地消による所得の取り戻し
——域内購入率と域内生産率を上げていく

食の地産地消は、数字で表すと、域内での購入率と生産率を上げていくことを意味します。現在、池田町における27％の域内購入率と9％の域内生産率を上げていくと、どのくらいの所得を取り戻していけるのでしょうか。

域内購入率と域内生産率を50％まで高めると……

　第1章の第7節において、邑南町瑞穂地区で試みた手法を利用し、まずは池田町内の世帯や事業体による食の地産地消で、どれだけ所得を取り戻していけるかを計算してみます。池田町の現在の域内購入率や域内生産率はかなり低いので、まず食料品の50％分を域内で購入し、地元で購入する場合の域内生産率を50％まで高めることにします。両方ともすでに50％を超えている品目については、そのまま据え置きます。

　このように域内での購入率を上げるとまず商店な

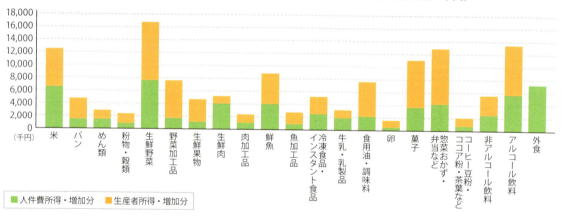

図3-9　域内購入率と域内生産率を50％まで高めたときの品目別所得創出額（増加分／年間）

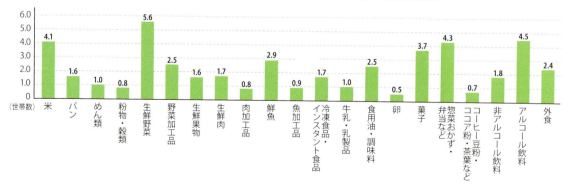

図3-10　域内購入率と域内生産率を50％まで高めたときの品目別定住増加可能世帯数

どの流通段階での売上が増加し、そこの人件費所得を増やします。同時に、域内生産率も向上すれば、商店による地元仕入が増えて、域内の生産額が増加します。これは、生産者所得の増加をもたらします。

図3－9は、そうして域内購入率と域内生産率を50％まで高めたときの品目ごとの所得増加分を示しています。所得増加の合計額は、1億3,977万円となりました。やはり、特に低かった域内生産率を高めた効果は大きく、合計で7,911万円と半分を超えています。1世帯（3人）の生活費を300万円と設定すれば、これは46.6世帯の定住増加を可能にします。図3－10は、同様の計算により、各品目別の定住増加可能世帯数を出したものです。この数字によれば、たとえばパン屋さんの「定住募集！」といった具体的な可能性を提示できますね。

効果はあるが、域内限定・食料限定の地産地消では限界も

次に、池田町内の世帯や事業体にかかわる域内購入率・域内生産率向上の目標数値を変えて、定住増加を支える効果を比較してみましょう。

池田町の人口を現行水準で安定化させるために必要な定住増加目標は、1年当たり18世帯・42人となっていて（第1章第2節参照）、今回調査した4自治体では人口比1.5％と一番高くなっています。このために必要な所得増加目標は、1世帯当たりの生活費標準額300万円をかけて計算すると、5,400万円となります。この1年当たりの必要増加所得をもとに、何年間にわたって新規の定住増加を支えることができるか、継続可能年数が算出できます（表3－7）。食の地産地消には一定の定住増加を支える効果があることがわかりますね。ただ、同時に、小規模な地域において域内限定・食料限定の地産地消のみで所得増・定住増を進めることには限界があることもわかります。それでは、どんな発展的な地産地消の展開があるのでしょうか。

表3－7 池田町における所得創出想定による定住増加継続可能年数

池田町の人口安定に必要な定住増加目標＝18世帯・42人／年

設定項目	域内購入率／域内生産率	所得増加／扶養可能世帯	定住増加継続可能年数
シナリオA	50％以上／50％以上	＋1億3,977万円／＋47世帯	5.2年
シナリオB	70％以上／70％以上	＋2億1,793万円／＋73世帯	8.0年
シナリオC	100％／100％	＋3億5,686万円／＋119世帯	13.2年

※第1章第7節の図1－15と同様の手法で算出。域外への販売増加や他部門の取り組みにより同程度の所得増加を達成できれば、定住増加継続可能年数は2倍にした値となる

ここがポイント！

具体的な品目ごとの地産地消の向上にともなう所得取り戻し額がわかれば、ターゲットと可能性を明確にした移住や起業の取り組みが可能となります。

7 地産地消から域産域消への進化
――新たな広域的・横断的・長期的なアプローチを

食の地産地消については、ここまでみてきたように効果はあるものの、小さな地域の内部や食料部門に限定した展開では限界もあります。本節では、より発展的なアプローチを探っていき、次章以降につなげていきます。

地方都市圏にパートナーエリアを設定し、域産域消のネットワークを

現在、池田町では、車で40分の福井市内にアンテナショップ「こっぽい屋」を開設する先進的な取り組みを展開しています。「こっぽい屋」では生鮮野菜や農産加工品を中心に年間1億4,514万円の売上を上げています（2016年調査）。事業体調査では、この「こっぽい屋」も対象としており、農家を中心に4,014万円の所得創出が判明しています。

たとえば、池田町の世帯食料購入額に匹敵するように、「こっぽい屋」の売上を現在の4倍の5億8,056万円まで伸ばすことができれば、池田町内の所得創出は1億6,056万円まで増大します。同時に、福井都市圏全体としても、こうした市街地に中山間地域と共生するパートナーエリアを設定していけば、域外への所得流出が抑制され、地域経済全体としての循環性が高まります。

ただし、このような地方都市圏全体としての「域

図3-11 福井県池田町域内の世帯・事業体による購入状況と所得創出額（2016年）

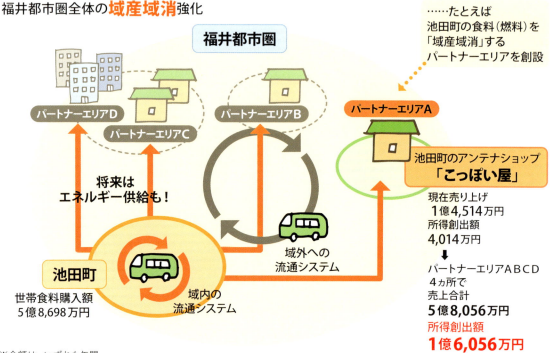

※金額は、いずれも年間

産域消」を高めていくためには、周辺農山漁村の少量多品種生産に対応した集荷・出荷の流通システムをより進化させた形で設計・運営していくことが求められることでしょう。

新たな広域的・横断的・長期的なアプローチの必要性

　本章では、主に池田町内における食料品中心の地産地消による所得取り戻しの可能性を探ってきました。食料品の域内購入率27％、域内生産率9％の現状を改善していくことは不可欠です。池田町の場合は、特に人口安定化のために必要な定住増加の人口比が高い（1.5％）という背景もあります。

　多くの自治体では人口比にして毎年1％程度の定住増加で人口安定化が達成できます。

　ただ、全国的には、小さな地域しかも食料分野に限定したアプローチでは、地域人口安定化に求められる1世代・30年以上の定住増加を支えるためには、持続性が不足する場合も想定されます。

　したがって、次の三つのような新たな広域的・横断的・長期的なアプローチを始動させることが必要です。

　第一は、池田町内に相当する一次生活圏だけでなく、近隣の福井市を中心に形成されている地方都市圏への循環圏の拡大です。

　第二は、そうした循環圏の拡大と連動して、中山間地域からの少量多品種の生産・流通に対応した拠点・ネットワーク構造を重層的に進化させることです。そもそも日本でも海外でも地方都市のほとんどは、市場町（マーケットタウン）として形成されています。全国チェーンの「草刈り場」となるのではなく、周辺の農山漁村との経済循環を取り戻さないかぎり、地方都市の衰退には歯止めがかかりません。

　以上二つのアプローチについては、第7章で、今後30年にわたる地域構造の進化を展望するなかで、議論を深めたいと思います。

　第三は、池田町だけでなく、他の3自治体も含めて現状ではほとんど進んでいないエネルギー部門の域内自給体制です。このエネルギーの地産地消については、続く第4章で、全国的な事例をもとに詳しく論じます。

　また、次ページのコラムのなかで、池田町の場合で計算したエネルギーの地産地消のシミュレーション結果を紹介し、次章への橋渡しとしたいと思います。

図3-12　今後求められる広域的・横断的・長期的なアプローチ

小地域内＆食料限定では所得の取り戻しに一定の限界

新たな広域的・横断的・長期的なアプローチが必要

❶ 循環圏の拡大：地元の一次生活圏＋地方都市圏（二次生活圏）
❷ 拠点・ネットワーク構造の重層的進化（交通・物流：少量多品目対応）
❸ エネルギー部門の域内自給の抜本的強化（家庭＋施設、熱＋電力）

ここがポイント！

周辺の農山漁村を切り捨ててしまうと、地方都市は、単にグローバル経済の末端でひたすら域外から食料を買うことになってしまいます。共存共栄が大切なのです。

column

家庭用の灯油を地元の薪に変えたら……

　島根県中山間地域研究センターが開発し、池田町をはじめとする自治体の分析で活用した「地域経済循環シミュレーター」では、消費品目の転換や新たな流通・生産業者の創設などが地元での所得創出額に与える効果も判定できます。この計算プログラムに、品目ごとのCO_2発生源単位を組み込むと、このような消費変化にともなう温室効果ガス削減効果までも測定できます。

　現状では、池田町では、2,287万円の灯油が暖房・給湯用に購入されています。この灯油を、地元産の薪によるボイラーやストーブに置き換えていくと、どのくらいの所得の増加とCO_2削減につながるでしょうか。

　図3-13は、その効果を示したものですが、所得増加額は、50％の世帯導入時に970万円、100％の世帯導入時に1,655万円となります。これだけで5世帯強の定住が実現しますね。また、CO_2削減量は、それぞれ308tと616tになります。実際には、別途事業体用の灯油・重油の現状での購入額は2,607万円ありますから、こちらも薪やチップに変えていけばさらに効果が広がります。

　今回調査の4自治体では、暖房・給湯用のエネルギーの大半は、石油系資源でまかなわれています。地元の再生可能エネルギーへの転換効果は、所得面でも環境面でも極めて大きいのです。

図3-13　灯油から薪への消費転換にともなう域内所得増加とCO_2削減の効果

※池田町の取引状況データ（店舗、林家など）をもとに試算。ガソリンスタンドの代わりに、新たに薪流通業者を創設し、林業生産者から購入するシミュレーションを実施

第4章

エネルギーの地産地消で所得を取り戻す

木質バイオマスの活用と地域経済循環

中山間地域にはエネルギーとして利用できる地域資源が豊富にあります。特に木質バイオマスは、安定的なエネルギー供給が可能なため、全国的に大規模発電施設が急増しています。しかし、このような施設は林業関連産業や地元住民に利益が還元されているでしょうか。本章ではいくつかの事例から、地元に利益を取り戻す木質バイオマスの利用方法について考えていきます。

1 地域のエネルギー需用量を知る

私たちの地域には水力、風力、太陽光、バイオマスなどのたくさんの再生可能エネルギーがありますが、そのほとんどは利用されていません。エネルギーの需要はどれくらいあり、どのくらいのお金を支払っているのでしょうか。

地域のエネルギー需要量を調べる

エネルギー需要の推計方法はいくつかありますが、家計調査の実施が難しい場合や、特定の地域の需要を推計する場合を想定して、NEDOのデータベース[*11]を用いた方法を説明します。ここでは、地域内の資源でまかなえるエネルギーを想定して、電力と燃料と熱に関するエネルギー需要量に絞って推計してみます。

NEDOのデータベースには、エネルギー種類別、消費量が都道府県別に掲載されています。地域のエネルギー需要量を推計するためには、都道府県別のデータをもとに按分します。図4−1は地域別のエネルギー需要量を推計するための推計フローです。NEDOの都道府県別エネルギー消費量の値を基準として、対象地域が都道府県に占める割合からそれぞれの地域のエネルギー消費量を按分し、エネルギー単価を乗じることで、その地域のエネルギー支払額を求めています。ただし、地域によっては収集が難しい統計があることを考慮し、できるだけ簡便な方法で推計しています。

ここで、具体的な数値を、島根県邑南町（おおなんちょう）を事例として計算してみます。邑南町は島根県と広島県の県境に位置する、人口およそ1万1,339人、面積419㎢（うち森林面積86％）、高齢化率41.5％の中山間地域の町です。太陽光や風力のほか、豊富な森林資源を有していますが、エネルギーのほとんどは地域外から購

図4−1 地域のエネルギー消費量の推計フロー

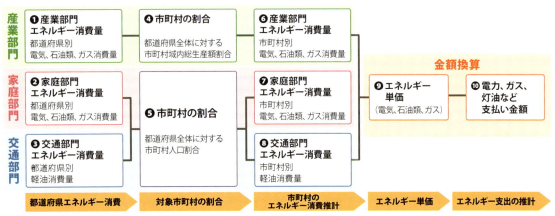

（データの出典、計算方法）
❶、❷、❸：資源エネルギー庁「都道府県別エネルギー消費統計」。産業部門は農林水産鉱建設業／工業／第三次産業
❹、❺：都道府県「県民経済計算」、「市町村経済計算」から市町村の割合を推計
❻＝❶×❹，❼＝❷×❺，❽＝❸×❺
❾：石油情報センターなどの資料による、それぞれの地域の販売価格
❿＝❻×❾＋❼×❾＋❽×❾

入しています。

具体的なエネルギー支出額を推計するために、推計フローに沿ってデータを集めていきます。図4-2に、集めたデータとエネルギー支出額の推計値を示しました。これをみると、およそ1万人の小さな町ですが、エネルギー使用料金として少なくとも年間26億円以上支払っていることがわかります。

一方で、地域内にはこれだけ多額のエネルギー需要があり、地域資源を利用したエネルギーの利用可能性が拡がると考えることができます。なお、平均的な世帯のエネルギー消費の内訳は、動力・照明が34.7%、給湯28.3%、暖房26.7%、厨房8.1%、冷房2.2%となっており[*12]、電気よりも熱としての需要も大きいといえます。地域資源を活用したエネルギーを考える場合、熱需要に対応する視点からみることも重要です。

図4-2 島根県邑南町のエネルギー需要の推計(電力・ガス・石油製品のみ)

❶エネルギー消費/島根県

	石油製品			都市ガス (10^-6 m³)	電力 (10^-6 kWh)
	軽質油 (10^-3 kl)	重質油 (10^-3 kl)	LPG (10^-3 t)		
農林水産鉱建設業	31.3	40.1	0.4	0.29	74.61
製造業	28.4	104.2	27.9	33.42	1,735.69
業務他(第三次産業)	64.3	31.4	15.1	48.78	1,591.53
家庭	38.9	0.0	40.6	5.89	1,556.69
運輸	163.7	0.0	0.0	0.00	0.00

❾エネルギー単価

軽質油製品	円/ℓ	93
重質油製品	円/ℓ	61
LPG	円/5m³	5,000
都市ガス	円/t	20,000
電力	円/kwh	24

❹地域内総生産額(百万円) / ❺人口(人)

	島根県	邑南町	島根県	邑南町
農林水産鉱建設業	265,971	6,995	697,015	11,214
製造業	329,809	2,628	—	—
業務他(第三次産業)	1,761,719	24,727	—	—

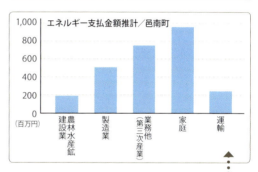

❻❼エネルギー消費量/邑南町の推計

	石油製品			都市ガス (10^-6 m³)	電力 (10^-6 kWh)
	軽質油 (10^-3 kl)	重質油 (10^-3 kl)	LPG (t)		
農林水産鉱建設業	824.3	1,053.9	11.0	7.7	1,962
製造業	226.1	830.6	222.4	266.3	13,830
業務他(第三次産業)	902.6	440.8	211.6	684.6	22,338
家庭	625.9	0.0	654.0	94.7	25,045.0
運輸	2,633.3	0.0	0.0	0.0	0.0

❿エネルギー支払い金額/邑南町(百万円)

	石油製品			都市ガス	電力	合計
	軽質油	重質油	LPG			
農林水産鉱建設業	76.7	64.3	5.0	0.1	47.1	193.2
製造業	21.0	50.7	102.0	4.4	331.9	510.0
業務他(第三次産業)	83.9	26.9	97.1	11.2	536.1	755.3
家庭	58.2	0	300.0	1.6	601.1	960.8
運輸	244.9	0	0	0	0	244.9
合計	484.7	141.8	504.1	17.3	1,516.2	2,664.2

※データの出典は、図4-1を参照

ここがポイント!

今回推計した数値は簡易的な値ですが、どの部門にどのくらいのエネルギー需要があるのかを把握し、地域が支払っているおおよその金額を可視化することができます。地域資源を用いたエネルギーを考える、はじめの一歩として取り組んでみてください。

*11:正式名称は国立研究開発法人新エネルギー・産業技術総合開発機構
*12:資源エネルギー庁『エネルギー白書2013』、資源エネルギー庁、2014年

2 地域内の経済循環度を測る
——木質バイオマス活用のLM3

前節で紹介した邑南町には豊富な森林資源があります。木質バイオマスエネルギーを利用することで、地域経済にはどのような効果があるのでしょうか。ここでは地域内の経済循環の大きさを測るLM3の手法を用いて、地域内の経済波及効果を推計してみましょう。

木質バイオマス利用による資源とお金の流れを把握する

私たちがエネルギーのために支払っている金額は大きいことがわかりましたが、エネルギーの大半は地域外や海外から輸入しているため、地域内から多くの金額が流れていることになります。このような域外からのエネルギーに頼っている場合と比較して、エネルギーを地域内の資源から調達する場合、地域の中で循環するお金の流れはどのように異なるのでしょうか。ここでは、木質バイオマスエネルギーを想定し、LM3の手法を用いて地域内経済循環の大きさを計測してみます。

第1章で説明したとおり、LM3とは地域が購入した資金がどれほど地域内に再投資され、経済波及効果を生むのか、地域内に循環するお金の流れを把握する方法です。

図4-3は、木質バイオマスエネルギーの利用による地域内経済循環のイメージです。木質バイオマスエネルギーによって発生した熱や電気を販売する消費部門の売上のうち、木質チップや薪などの燃料を製造する流通部門にどれだけお金が流れたのか、さらにその燃料の原材料を生産する素材生産部門にどれだ

図4-3 木質バイオマス利用による地域内のお金のフロー

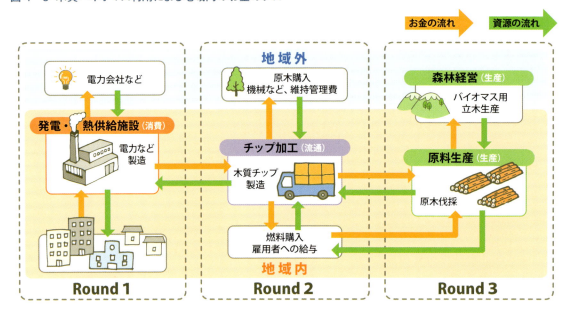

けお金が流れたのかを、可視化します。

なお、資金循環の最初の3回分を追っているためLM3となりますが、4ラウンドまで追っていくとLM4、5ラウンドまで追うとLM5となります。どの産業までの波及効果を見たいかで調整することができます。

木質バイオマスを活用する場合

LM3の計算に必要なデータは、アンケート調査やヒアリングによって収集し、計算します。

表4－1は環境省研究の4地区を対象に、給湯・冷暖房用エネルギー（灯油）に関するLM3をまとめたものです。どの地域も灯油の購入費として多額のお金を支払っています。地域内にガソリンスタンドがあるため、地域内から購入した「域内購入率」は80〜95％と高いですが、灯油は地元産ではないため、「地元調達率」は０％です。しかし、地域内のガソリンスタンドでの購入率が高いため、LM3は1.82〜2.03と比較的高い値です。

では、エネルギー源を地域内で調達した薪に切り替えた場合、経済循環にどのような影響を与えるでしょうか。家庭用の給湯・冷暖房用燃料のうち、①半分を薪に置き換えた場合、②すべてを薪に置き換えた場合を想定し、それぞれのLM3と所得増加効果をシミュレーションしてみると、域内の経済循環度合いが増加していることがわかります。また、薪転換によってLM3は上昇し、一定の域内所得効果があることもわかります。

表4-1 LM3の調査事例

地域	島根県邑南町 瑞穂地区	徳島県海陽町 海南地区	長野県 富士見町	福井県 池田町
人口（人）	4,163	4,661	4,225	2,638
灯油購入額（万円）	83,100	87,600	120,800	40,000
域内購入率（％）／[地元調達率（％）]	80.2／[0]	81.2／[0]	92.0／[0]	94.5／[0]
灯油のLM3	1.87	1.85	1.82	2.03
シミュレーション❶ 世帯用燃料50％を薪に。薪はすべて域内から調達すると仮定				
薪のLM3	2.63	2.63	2.63	2.63
域内所得増加（万円）	+2,454	+2,652	+2,311	+970
シミュレーション❷ 世帯用燃料100％を薪に。薪はすべて域内から調達すると仮定				
薪のLM3	2.63	2.63	2.63	2.63
域内所得増加（万円）	+4,635	+5,029	+4,347	+1,665

※島根県中山間地域研究センター、福井大学、島根県立大学編『低炭素・循環・自然共生の環境施策の実施による地域経済・社会への評価について』、平成28年度環境省総合環境政策委託、2017年より作成

ここがポイント！

地域内の店舗にエネルギー費用を支払うだけではなく、地元産のエネルギーを利用することで、地域内の経済循環度が増えることがわかりやすく理解できます。地域の活性化に向けた資金循環を再認識するためのツールとして有効です。

3 どちらが地元に有利？大規模集中型vs小規模分散型

木質バイオマスは熱や電気としてのエネルギー利用が可能ですが、「再生可能エネルギーの固定価格買取制度（FIT）[*13]」の導入にともない大規模バイオマス発電専用施設が全国で急速に増加しています。このような大規模施設は地元経済に波及効果をもたらしているでしょうか。

木質バイオマスの利用方法による地域経済への影響

木質バイオマスエネルギーにはいろいろな利用方法がありますが、その違いによって地域経済循環にはどのような影響があるのでしょうか。

ここでは二つの事例を紹介します。ひとつは、大規模集中型の木質バイオマス発電施設です。大きな特徴は、大型施設なので大量に燃料が必要になり、広い範囲から木質チップを集めていること、海外からカロリーの高いヤシ殻を燃料として輸入していること、熱はほとんど利用していないことです。

もうひとつは、小規模分散型の熱供給施設です。

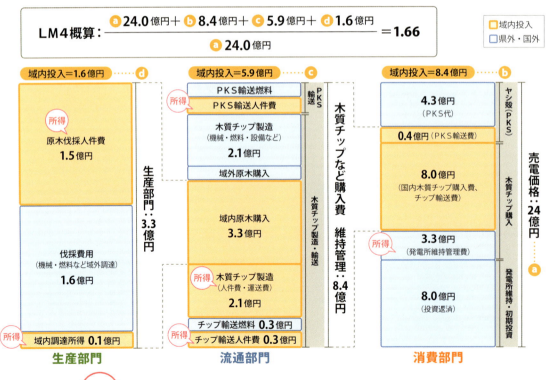

図4-4 大規模集中型バイオマス発電施設の資金フローとLM4

※図4-4・4-5ともに、ヒアリング調査により作成

主に木質バイオマスチップの熱を分散して利用している地域です。こちらは小規模なので、施設の周辺数十キロ圏内から集められた木材を使っています。

図4-4、4-5は、LM3の手法に沿って、木質バイオマスエネルギーの利用によって地域内外にどのようにお金が流れているのかを可視化したものです。ここでは、4ラウンド目までを追ったLM4の値を示しています。また、木質バイオマス施設の影響に特化させるため、林業関連産業のみのお金の流れを追っています。大規模集中型の場合、24億円の売電（消費部門）のうち、地域内の木質チップを8.4億円購入し（流通部門）、そのうち3.3億円が地域内の林業部門（生産部門）に流れています。さらに、林業部門では1.6億円が地域内の労働力や資本から成り立っています。これらからLM4を計算すると、1.66となります。

一方、小規模分散型は2.49となり、地域経済への波及効果がより高いことがわかります。売上1,000円当たりの地域内所得創出額では、大規模集中型が100円に対し、小規模分散型は396円となります。投資額や売上額の大きさだけでなく、エネルギー源の生産段階まで経済循環を追いかけると、真に地元に貢献するエネルギー供給のあり方がわかってきます。

図4-5 小規模分散型熱供給システムの資金フローとLM4

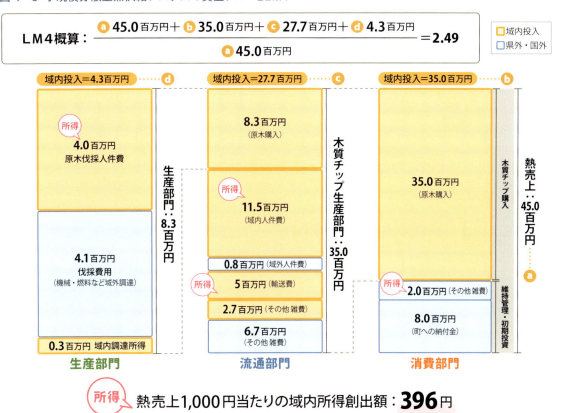

ここがポイント！

木質バイオマス事業は、燃料としての新たな利用だけではなく、誰のため、何のために行われる事業なのかを、地域のなかで共通認識としてもつことが必要です。

＊13：巻末の用語解説を参照。

4 どこで差がつく地域貢献度
——タイプ別で比較

再生可能エネルギーによる地域内経済循環への影響は、利用形態や運営方式によって大きく異なります。具体的な木質バイオマスエネルギー利用の事例を通して、地域内経済循環への波及効果の差をみていきましょう。

一見有利な大規模発電、地域貢献度で比較すると

近年、全国的には、大規模なバイオマス発電施設の整備が目立ちます。前節で比較したように、むしろ小規模分散型のほうが地元経済には貢献できるケースもあるのに、なぜでしょうか。

表4-2は、木質バイオマス発電の容量別に単価や熱効率を比較したものです。発電コストも建設費も、大規模になればなるほど下がる一方で、熱効率は大規模になるほど上がっていきます。

したがって、現在のFIT制度を利用して高値の電気買取による利益だけをねらうのであれば、大規模な発電専用に施設をつくったほうが有利になるのです。

では、次に、4つのタイプ別、すなわち「A:大規模集中型発電専用施設」、「B:小規模分散型熱供給施設」、「C:コジェネ施設❶」、「D:コジェネ施設❷」の燃料の種類、収集範囲、エネルギーの利用形態、出資形態と地域貢献度(LM3指標)の関係を、表4-3により比べてみましょう。

地域貢献度をみると、高いグループと低いグループに2つずつ分かれてしまいました。どうも、単純に規模や方式だけで決まるわけではなさそうです。

表4-2 木質バイオマス発電容量別コストの比較

	1,000kW	2,000kW	5,000kW	10,000kW	20,000kW
発電コスト／熱収入込み(円/kWh)	124.0 ／ 46.7	61.8 ／ 25.0	31.7	26.6	21.4
建設費単価(万円/kW)	52.2	46.1	38.1	32.1	25.0
熱効率(%)	8.0	12.0	20.7	24.4	28.2

※多喜真之ほか「国内バイオマス発電の経済性評価」、第31回エネルギーシステム・経済・環境コンファレンス、2015年より作成

表4-3 規模や事業形態が異なる木質バイオマス施設のLM3比較

		A:大規模集中型発電専用施設 (10MW以上:1ヵ所)	B:小規模分散型熱供給施設 (合計4.6MW:9ヵ所)	C:コジェネ施設❶ (合計1.8MW:11基)	D:コジェネ施設❷ (合計1.8MW:11基)
燃料種類	チップ	○	○	×	×
	ペレット	×	×	○	○
	PKS	○	×	×	×
燃料の量		100km圏内	30km圏内	30km圏内	30km圏内
利用形態	電気	◎	×	◎	◎
	熱	△(発電施設内のみ)	◎	○	○
出資形態		外部・大手企業	域内・自治体主導	外部・大手企業	域内・住民主導
LM3		1.41	2.39	1.69	2.37

※ヒアリング調査により作成。ただし計画値も含む

決め手は、地元資源＋地元出資＋熱利用

　地域貢献度を高めてくれる決め手は、次の3つです。

　第一は、地元資源の活用です。燃料となる木材は、できるだけ距離の近い地元から集めることが大切です。発電効率の高さに惹かれて大規模施設を建設すると、輸送にかかるコストと環境負荷が増加するだけではなく、利益も地域外に流れることになります。

　第二は、地元出資です。都市部の大手商社が地方で大規模発電所を建設し、利益の大部分を都市部に流出させるという構造が全国でみられます。これではFITのねらいでもある環境負荷の低減や地域産業の活性化という目的が果たされなくなってしまいます。そのため、長期的にみると利益が入る構造を理解したうえで、地元主体の事業転換が必要になってきます。

　第三は熱利用の促進です。木質バイオマスを電気だけに変換する場合、エネルギー効率は20～30％程度です。しかし、熱利用する場合は50％以上、熱電併給（コジェネ）の場合およそ80％にもなります。したがって、熱需要をベースに木質バイオマスエネルギーの利用を考えることが必要です。

　タイプB（小規模分散型）とタイプD（コジェネ施設❷）が高い地域貢献度を実現しているのは、このような3つの決め手をあわせもっているからなのです。

　最近では、図4-6に示すような地域密着型で熱利用を展開する木質バイオマスエネルギーの取り組みも次第に始まっています。熱利用については、新しいエネルギー市場として発展途上のところも多々あります。しかし、住民に身近な施設や住宅の活用にも道がひらかれつつあるなか、今後の利用促進が大いに期待されるところです。

図4-6 さまざまな木質バイオマスエネルギーの熱利用

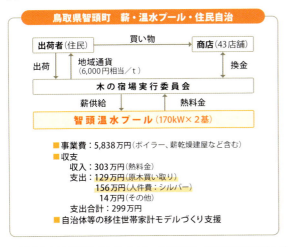
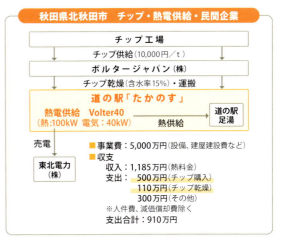

※林野庁木材利用課「木質バイオマス熱利用・熱電併給事例集」林野庁、2017年

> **ここがポイント！**
>
> 初期投資の確保のため、大手商社が出資して再エネ事業を実施するケースが全国的にみられますが、事業開始後どのようにお金が回っていくのか、長期的な視点から事業推進の方法を考えることが重要です。

5 望まれる林業全体の循環強化
——多段階（カスケード）利用構造が不可欠

木質バイオマスエネルギーは有効な地域資源のひとつですが、単価の安い燃料利用だけでは採算が合わない可能性があります。従来の主流であった針葉樹・人工林系を対象として考えると、エネルギーの燃料となる部分は、木材の一部のみです。したがって、現場から消費までの多段階利用を把握したうえで、林業全体の循環強化を図る必要があります。

森林経営の収支を「合わせ技」でプラスに

図4-7は、一般的な針葉樹の人工林で1haの森林経営を1サイクル回す場合（植林し、育てて、間伐し、主伐するまで）の収支状況を表しています。林業現場では、収入の大部分が補助金によって支えられており、補助金がなければ249万円/haの赤字、補助金を利用しても21万円/haの赤字になります。こうした赤字体質が、林業全体の生産の低迷につながっています。

このような状態を放置して、バイオマスエネルギーの利用を進めても、一般的に製材用よりも単価が低いため、赤字幅はさらに大きくなってしまいます。ですから、バイオマスエネルギーに特化した縦割りの生産ではなく、従来からの用材生産と組み合わせた仕組みづくりが不可欠です。そして、従来の用材生産だけでは赤字であった林業経営に、新たにバイオマスエネルギー利用の収益を上乗せすることで、森林経営の収益をマイナスからプラスに転換することが期待されます。そのためには、どんな仕組みや工夫が求められるのでしょうか。

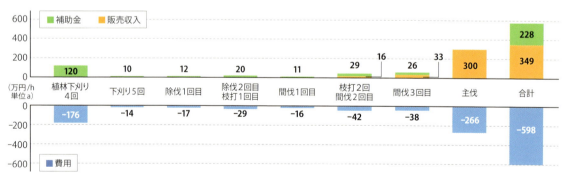

図4-7　島根県の森林経営の収支

※島根県農林水産部提供資料より作成

域外からの購入がより大きな所得を創出しているのはなぜ？

図4-8は、木材の用途別利用と林業関連産業のカスケード（多段階）構造を示しています。木材は、同じ森林で育ち伐採されたものであっても、さまざまな生産・加工の段階を経て、多くの分野で多面的に利用されています。

そのため、ひとつの用途の生産を伸ばそうと、森

林現場での伐採量を増やすと、それは同時に他の用途の原料も増えることになります。つまり、特定の用途や段階だけを「抜け駆け」で伸ばすことが難しい構造となっているのです。たとえば、エネルギーとして利用される部分は、伐採される木材のおよそ3分の1程度なので、その他の3分の2の用材用の需要や生産の確保も同時にされないかぎり、バイオマスエネルギーとしての活用は実現しません。逆に、多くの用途向けの生産がバランスよく進むと、1本1本の木材資源が無駄なく有効利用され、林業関連産業全体としての収益性がアップします。

このような林業関連産業における多段階・多分野の連携体制を、地域内循環の経済圏のなかに取り込み、進化させていくことが重要なのです。

図4-8 木材の材質別利用方法の違いと林業関連産業のカスケード構造

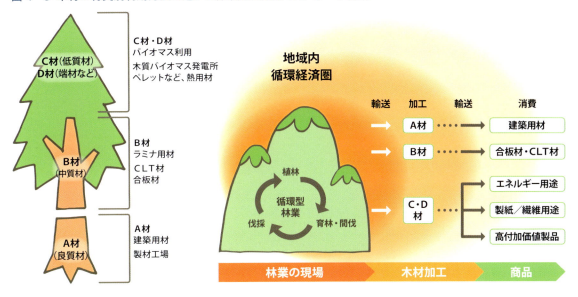

林業関連産業全体のネットワーク化が成功のカギ

国産材の自給率は、2016年度が34.8％で、まだ木材の国内需要に対し拡大の余地が十分にあります。国産材の原木使用量が増えれば、同時にバイオマス材の利用可能性も広がります。今後は、たとえば森林現場では、用材とバイオマス材を同時に搬出する作業システムが必須となります。そして製材工場からの木質チップは、含水量も低く良質であるため、バイオマス用木質チップの安定供給にも役立ちます。そうした、生産現場から製材工場などに至るまで、規模や生産能力を互いに適合させたネットワーク化を進めるなかで、地域に最適な規模のバイオマスエネルギー施設をつくることが、成功のカギなのです。

ここがポイント！

林業関連産業は森林の恵みを共有するひとつの「生態系」ともいうべき存在です。ひとつでも「ボトルネック」が生じると、その影響は全体に及びます。本来の森林と同じく、バランスのよい共生を地域内で実現していくことが大切です。

6 地域主導の地域エネルギー活用の国内事例
―― 岡山県・真庭バイオマス発電所

2012年に「再生可能エネルギーの固定価格買取制度（FIT）」が開始され、FIT認定の発電設備（間伐材等由来）は、2016年10月末時点で全国75ヵ所あり、34ヵ所がすでに稼働しています。ここで取り上げる岡山県の真庭バイオマス発電所は、地元民間資本が中心となって設立・運営されており、地域の林業・林産業の連携により木質燃料の安定供給を実現しています。

木質燃料の安定供給のための管理体制の構築

真庭バイオマス発電所株式会社は、地元製材業者の銘建工業株式会社を中心に岡山県・真庭地域の10団体との共同出資で2013年2月に設立され、2015年4月に稼働しました。

並行して発電所に木質燃料を安定供給するための組織「木質資源安定協議会」も2013年3月に設立されました。協議会のメンバーは、森林所有者、林業事業体、製材会社、チップ製造、発電所で、事務局が出荷量の割り当て等の木質燃料の安定供給の管理と調整を行っています。

またFITに対応し、林野庁の「発電利用に供する木質バイオマスの証明のためのガイドライン」に沿うため、木材の証明情報をIT化した真庭システムを導入しました。真庭システムの導入により、正確で迅速な木材証明が可能となり、各企業の事務量も大幅に削減されました。

2017年度には当初予定と同等の木質燃料の供給が見込まれています。また木質燃料の供給は年々安定し、地元消費分以外の余剰木質チップ約4万tが、他のバイオマス発電所などに販売されています。

真庭バイオマス発電所概要

- 稼働開始日：2015年4月
- 設備導入費：41億円
- 発電出力：1万kw（年間売電量：9,000kw、自家消費1,000kw）
- 熱利用：隣接CLT工場乾燥用[14]（最大6t/時）　※工場稼働時のみ
- 雇用創出：直接16人、間接50～60人　　※運送・林業事業体など
- 出資金：2億5,000万円（出資者：真庭地域9割）
- 販売先：新電力3社＋地元公共施設に売電

表4-4　真庭バイオマス発電所年度別使用燃料表

	当初予定		2015年度		2016年度		2017年度（見込み）
	供給量(t)	平均含水率(%)	供給量(t)	平均含水率(%)	供給量(t)	平均含水率(%)	供給量(t)
未利用木材	95,000	50	55,000	41	75,000	42	96,000
一般木材	58,000	―	57,000	37	55,000	22	52,000
PKS	0	―	25,000	―	19,000	―	0
合計	153,000	―	137,000	―	149,000	―	148,000

※聞き取り調査をもとに作成

安定供給を実現する互恵的な仕組みづくり

　多くの木質バイオマス発電所が、木質燃料の確保に苦労するなかで、真庭が安定供給を実現した要因を紹介します。

　真庭市は、戦後復興期より高い加工・販売力により製材産地として栄えたため、林業従事者150人などの林業基盤が残っている地域です。しかも真庭地域では、森林所有者、森林組合、素材生産業者、原木市場、製材工場、工務店の林業・木材関係者の強い連携もあります。

　今回の発電所事業に関しても、林業事業体、製材会社、チップ製造、発電所などが協議会をつくり、互恵的な仕組みをつくることができました。その結果、発電所規模・買い取り価格が相互に納得できるものになったため、木質燃料の安定供給の実現に成功しました。

　互恵的な仕組みの具体例は、製材工場で発生し有償で処理されていた樹皮の燃料としての買い取り、森林所有者への未利用材1t当たり500円の返金があげられます。発電所にとって、燃焼効率の悪い樹皮は本来燃料としては不向きですが、地元製材業の課題解決の意義も含め樹皮を燃料として使用しています。また森林所有者への返金も、木材価格の低下による山林経営の意欲低下を食い止める効果を狙ったものです。

　このように発電所だけが儲かる仕組みではなく、地域の課題解決も含めた参画者全員の互恵的な仕組みをつくったことが、木質燃料の安定供給体制を確立できた要因だと考えられます。

図4-9　真庭バイオマス発電所木質チップ供給体制概要

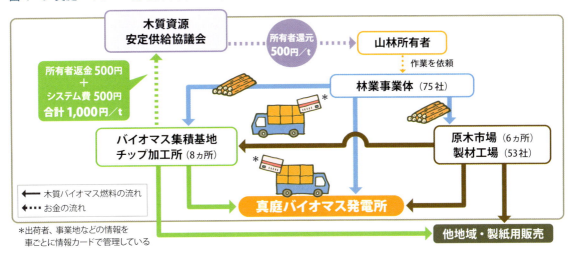

ここがポイント！

　真庭バイオマス発電所の成功は、山主、森林組合、林業事業体、原木市場、製材工場などの長年の地域連携によるトータルマネジメントにあります。各主体が参加する協議会を通じて、バイオマスエネルギー事業の互恵的な仕組みと適正規模の事業計画によって、ほとんどを地域内の資本・燃料でまかなう事業運営が実現しています。

＊14：CLT：直交集成板。cross laminated timber の略。

決め手は住民が主人公の投資
——ドイツの事例から学ぶ

ドイツでは、再生可能エネルギー（以下、再エネ）の普及を促進する制度を整備しながら、地域が主導となって分散型の再エネ普及を進めてきました。エネルギー協働組合をつくったり、積極的に出資したりと、経済とエネルギーの自立を目的に、地域住民が主体となって再エネ事業に取り組んでいます。

市民出資によるエネルギー

ドイツは化石燃料や原子力によるエネルギーから再エネにシフトするエネルギーシフトを進めており、2016年はおよそ30％が再エネ（風力12％、バイオマス8％、太陽光6％、水力3％）によってまかなわれています。ドイツの再エネ普及の特徴は、住民自らが積極的に投資し、市民主導の地域エネルギーの利用が進められていることです。図4－10は再エネに対する出資者区別を表していますが、大型企業だけではなく、地域住民や地域の事業者が積極的に投資をしたり事業を管理・運営しています。

図4-10 ドイツの再生可能エネルギーへの出資割合

※村上敦・池田憲昭・滝川薫『100％再生可能へ！ ドイツの市民エネルギー企業』学芸出版社、2014年

住民出資を支える基盤

ドイツは世界のなかでも早い時期から、互助的機能によって生活に必要なサービスを確保しつつ、産業の発展にともに貢献する「協同組合」をつくってきた歴史があります。

しかし、再エネ事業の設立や運営を目的としたエネルギー協同組合が多く誕生した理由は、歴史的背景だけではありません。エネルギー協同組合を設立したり、住民や市民の出資によって再エネ事業を進めたりするためには、住民が安心して投資できる環境整備が重要となってきます。

図4-11 ドイツの再エネ事業の出資者と再エネを支える基盤整備

	協同組合	市民ファンド	株式会社
特徴	再エネ設備をコミュニティが運営・利用する場合	不特定多数の個人から出資を募る場合	投資家を含めた大口出資を募る場合
出資者の議決権	原則1人1票	なし（会社が経営権）	持ち株数に比例
最低資本金	なし（定款で規定できる）	25,000ユーロ（会社設立に必要）	50,000ユーロ

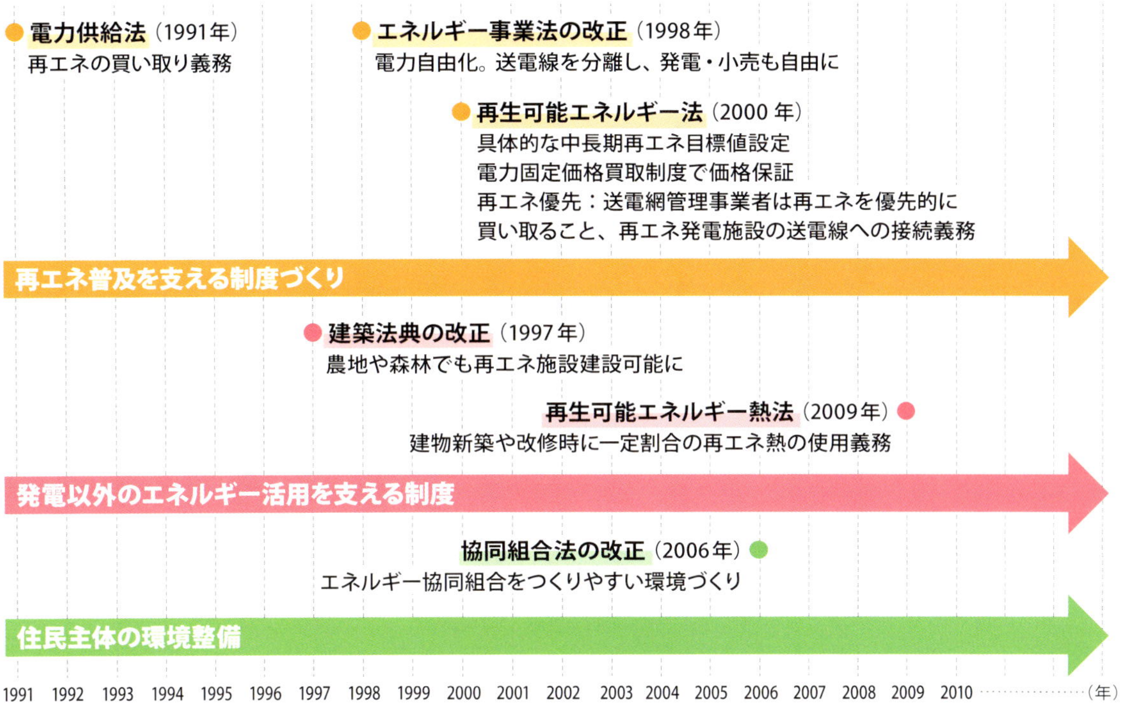

- **電力供給法**（1991年）
  再エネの買い取り義務
- **エネルギー事業法の改正**（1998年）
  電力自由化。送電線を分離し、発電・小売も自由に
- **再生可能エネルギー法**（2000年）
  具体的な中長期再エネ目標値設定
  電力固定価格買取制度で価格保証
  再エネ優先：送電網管理事業者は再エネを優先的に買い取ること、再エネ発電施設の送電線への接続義務

再エネ普及を支える制度づくり

- **建築法典の改正**（1997年）
  農地や森林でも再エネ施設建設可能に
- **再生可能エネルギー熱法**（2009年）
  建物新築や改修時に一定割合の再エネ熱の使用義務

発電以外のエネルギー活用を支える制度

- **協同組合法の改正**（2006年）
  エネルギー協同組合をつくりやすい環境づくり

住民主体の環境整備

1991 1992 1993 1994 1995 1996 1997 1998 1999 2000 2001 2002 2003 2004 2005 2006 2007 2008 2009 2010 ……（年）

※小磯明『ドイツのエネルギー協同組合』同時代社、2015年
※寺西俊一・石田信隆・山下英俊『ドイツに学ぶ 地域からのエネルギー転換』家の光協会、2013年

　ドイツでは、再エネの電力固定価格買い取り制度だけではなく、送電線を分離して、送電事業者に再エネ発電施設を接続させる義務を課したり、小規模なエネルギー協同組合をつくりやすくするような制度改正を行ったりと、いろいろな角度から住民出資やコミュニティの参加を支える基盤整備が行われてきました（図4-11）。

　住民が投資し、事業を実施し、その利益が再び住民に還元される、という仕組みは、小規模分散型の再エネに対する住民の出資や協同組合の設立を後押ししました。

　再エネ設備をコミュニティが利用・運営する協同組合をつくる場合、住民はより積極的に施設の維持管理に参加し、それによってコストの削減が可能となる効果もみられます。重要なことは、地域エネルギーの利用によって、住民である自分たちに利益が入るという仕組みを理解し、住民が主体的に参加する仕組みをつくることです。

> **ここがポイント！**
>
> 地域エネルギーによる利益が地域住民に還元するような仕組みについて、地域内で共通の認識をもつことが重要です。ドイツでは住民が主体となったワークショップや勉強会などが開催されています。

column

バイオマスエネルギーと林業現場

　森林資源も需要もあるのに、なぜ燃料用材が集荷できないのか？　誰もが不思議に思いますが、その主な理由について林業の現場の視点から考えてみます。

　第一は、林業現場における深刻な人材不足が根本的な理由として挙げられます。2015年の国勢調査の結果、日本の林業従事者数は4万8,000人で、初めて5万人を割り込みました。国土の3分の2を占める森林を、4万8,000人で守っているのが現状であり、林業従事者の減少は鈍化しているものの止まってはいません。人材確保こそが、木材・木質燃料の安定供給の最大の解決法ですが、この難題は一朝一夕には解決できません。

　第二は、より多くの出荷者の確保です。林業の過酷な現場では、天候不良・地形・機械トラブル・工程などさまざまな要因から不確定リスクが多く、安定供給は容易ではありません。たとえば真庭市では、林業事業体75社、製材会社53社、原木市場6市場と多くの出荷者を抱えることで、リスク軽減がはかられています。

　第三は、林業現場の土場の確保です。林業現場の面積は、広いほど林地残材が多く燃料用材が多く出ると考えられますが、現実はそう簡単ではありません。高性能林業機械の導入により伐採作業の低コスト化がはかられますが、林業現場が広くなれば最もコスト高のフォワーダ（下の写真）による木材運搬の作業比率が高くなります。しかしトラックが入れる木材の仮置きをする土場を複数確保することは現実には困難であり、収益性の低い燃料用材は林地残材のままとなります。また広い土場が地形的に確保できない場合も、燃料用材が集荷できない要因になります。

　第四に、公共事業系の林業現場における工期です。公共事業系の林業現場では、当然ながら工期が決められています。そのため高く売れる製材用木材を優先的に出荷するため、工程的に時間切れで燃料用材が出せないケースもたびたび発生しています。

　以上の課題に、上手に取り組んでいる事例を紹介します。真庭市にM社という林業事業体があります（従業員7名、2016年度実績：原木出荷量6,800m³、発電用チップ2,500t）。M社は、自社でチップ製造を開始し、発電所に自家製木質チップを直送しています。発電所は、含水率に応じて価格が変わるため、原木で乾燥させ含水率40％前後で納入しています。M社は、地域からの信頼があるため、個人所有の工期がない現場で、土場を長期間（原木乾燥期間）使用できます。M社と同様の条件が整い、含水率を下げるなどの工夫次第では、木質チップ業に参入し、採算性を確保することも十分可能です。

大型の集材運搬車フォワーダ。玉切りした短幹材を荷台に取り付けられたアームで積んで運ぶ。作業効率は高いが、写真の機械の価格は1930万円。年間稼働率が問われる　　写真提供：IHI建機

第5章

地域の消費を変えて よりよい未来づくりを
長野県富士見町の事例から

本章では実際に地域のお金の流れを見直し、地域でお金が回る仕組みをつくろうとし始めた町の事例を紹介します。長野県諏訪郡富士見町は、東は八ヶ岳山麓、西は南アルプス連峰の豊かで美しい自然環境に恵まれ、名所・観光スポットも多く、首都圏や都市部からの交通の便もよいことから（新宿駅から特急で約2時間、中央高速道で2時間弱）、毎年、国内外を問わず多くの観光客が訪れ、その魅力に惹かれて、移り住む人々も増えています。そんな地域のお話です。

1 エネルギーにおける地域のお金の流れを知る

地域ではさまざまな経済活動が行われています。長野県富士見町でも、農業、建設、製造、観光などさまざまな分野で、生産・商業活動をしています。しかし、地域から流出しているお金にも注目してみてください。その金額の大きさに驚かされることでしょう。

膨大なエネルギーの対外支払い

　地域から最も地域外に流出しているお金。それは、「エネルギー」代金です。明治になって化石燃料が導入されるまで、我が国では、薪炭と水力、畜力、そして人力がすべてのエネルギー需要をまかなっていました。しかし、安価な化石燃料の大量輸入に基づく戦後高度経済成長のなかで、地方は、農業資材や生活必需品などの工業製品ばかりでなく、ガソリン・軽油などの燃料や、石炭など化石燃料の燃焼による火力発電電力のふんだんな供給を受け、それらの消費地に甘んじています。

　我が国全体では、化石燃料の輸入により、約27兆円が海外に流出し、経常収支を圧迫しています。また、環境省の推計（図5-1）によると、個々の自治体レベルでみても、全国の自治体のうち9割で電気、ガス、ガソリンなどエネルギー代金の収支（地域外への販売と地域外からの購入の差額）が赤字となっており、地域外へのエネルギー代金の流出が自治体の経済的基礎体力を奪っていることが指摘されています。

図5-1　地域内総生産に対するエネルギー代金の流出割合

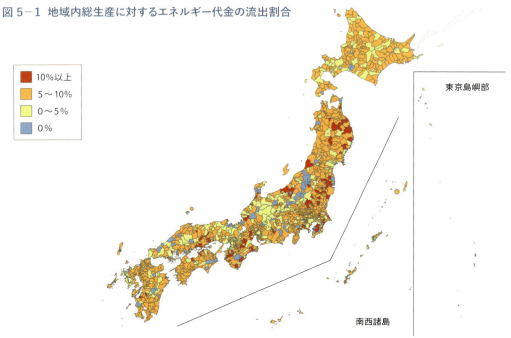

※環境省「気候変動長期戦略懇談会」第2回資料2-1「経済と気候変動対策との関係について（たたき台）」
　2010年の地域経済循環分析（環境省）をベースに2013年の流出額を推計

地域のエネルギー代金の流出額を知る

　具体的な地域での、エネルギー代金の流出額をみてみましょう。環境省では2015年度に、市町村ごとの「産業連関表」と「地域経済計算」を作成し複合的に分析することにより、各自治体が「生産」「分配」および「支出」の3面から地域内の資金の流れを俯瞰的に把握できるツールを開発しました。これによって、産業の実態（主力産業・生産波及効果）、地域外との関係性（移輸入・移輸出）などが可視化されました。環境省では地域経済循環分析自動作成ツールも提供しており、これを利用すると、任意の自治体について、所得の循環や産業構造など代表的な指標を表示したPower Pointファイルを自動で出力してくれます。

　図5-2は、このツールで作成された、長野県富士見町の所得循環構造図です。エネルギー代金の地域外への流出額をみてみましょう（右端「地域外」の枠内）。人口約1万5000人の富士見町で、なんと約33億円という膨大なエネルギー代金が地域外に流出していることもわかります。

図5-2　環境省の地域経済循環分析自動作成ツールで出力した、所得循環構造図のイメージ（長野県富士見町）

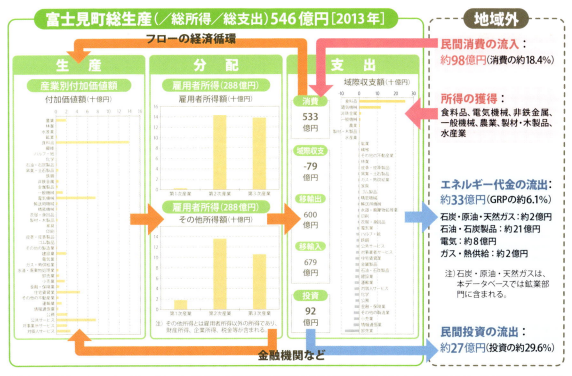

※図の一部を加工している。まち・ひと・しごと創生本部事務局が提供する地域経済分析システム「RESAS」にも、地域経済マップが搭載されており、地域経済循環図を簡単に表示することができる

ここがポイント！

　ここで紹介したデータは、主に県レベルのデータを市町村レベルに按分して作成しているため、正確性という面では議論の余地は残ります。しかし、大事なのは、まずはざっくりとでも、地域のお金の流れを知ることです。

2 地域の消費の実態を知る

エネルギーの次に地域から大きく流出しているのは、実は食料です。農業漁業を主な産業とする中山間地域では、少なくとも食料はたくさん自給しているのでは!? いえいえ、農業が盛んな富士見町でも、そうではない実態が明らかになりました。

地域の消費の実態を知る

表5-1は、環境省プロジェクト（第1章参照）の一環として富士見町で2015〜2016年にかけて行った家計調査と事業体調査から明らかになった、富士見町落合地区（人口4,225人、世帯数1,556：国勢調査2015年総数）の食料、燃料の購入状況です。前節では、市町村レベルでのエネルギーの対外支払いについてクローズアップしましたが、もっと小さいコミュニティレベルである落合地区の全世帯・事業体の食料、燃料の購入状況をみてみると、食料支出の約39.9％、すなわち、年間4億1,000万円もの金額が、地域外店

表5-1 長野県富士見町落合地区の食料・燃料の購入状況（全世帯・事業体/年）

（単位：百万円）

項目	域内購入額	割合(%)	域外購入額	割合(%)	地元産購入額	割合(%)
食料	617.8	60.1	410.8	39.9	57.5	5.6
燃料（冷暖房・給湯用の灯油・重油）	118.5	83.7	23.1	16.3	0.0	0.0

図5-3 長野県富士見町落合地区の食料購入額の品目内訳

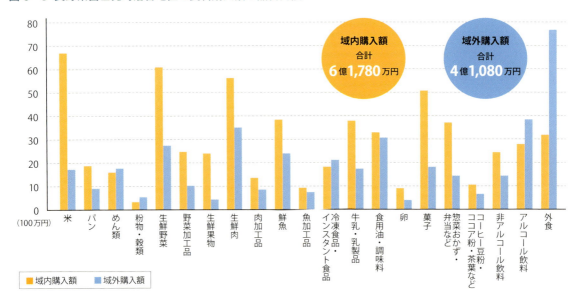

舗からの購入で地域外に流出していることがわかります。図5−3でその品目内訳をみてみると、特に外食での地域外依存が大きいのが目を引きます。富士見町内にもたくさんおいしい飲食店があるのに、地元の人々も驚く事実です。

所得の取り戻しは食料とエネルギーの地域内生産・消費から

さて、富士見町のデータをみてお気づきの方もあるかもしれませんが、富士見町落合地区の食料の町内店舗購入額が全体の60.1％、燃料は83.7％というのは、かなり地域内購入率が高い、比較的優秀な地域といえます。私たち環境省プロジェクトチームは同様の調査を、全国の複数の中山間地域を有する自治体で行っていますが、そのなかでも富士見町の地域内購入率はかなり高いほうに位置づけられます。しかし、「地元産」に目を向けると、状況は少し変わってきます。

ではもう一度表5−1で地元産購入率をみてみましょう。こちらは、全食料購入額の5.6％、燃料については0.0％と、全国的にみても非常に低い値です。このように地元生産物購入の割合が極端に低い落合地区のような地域では、地域内生産率を高めると、大きな所得の取り戻しが期待できます。

表5−2は、域内購入率が62.9％、域内生産率が4.9％の現状に対し、どちらも70％まで高めた場合の所得取り戻し試算額です。これにより新たに創出できる額は11.9億円に上り、新たに扶養可能となる世帯数は396世帯となります。

さまざまな定住促進事業がありますが、最大の課題は移住者の生活を支える経済すなわち「仕事」です。いま地域外に流出しているお金の流れを見直し、地域内購入率・生産率を高めることは、移住者のための仕事づくりにもつながっていくのです。

表5−2 長野県富士見町の食料、エネルギーの域内購入率・生産率向上による所得取り戻し額

	現状 （域内購入率：62.9％、域内生産率：4.9％）	域内購入率＆生産率を70％まで向上
支出額合計	11.7億円	―
所得創出額	7.7億円 （扶養可能世帯：255世帯）	＋11.9億円 （新規扶養可能世帯：396世帯）

※計算の詳細などは、環境省プロジェクトの平成28年度研究報告書参照
http://www.env.go.jp/policy/keizai_portal/F_research/report28_10.pdf

ここがポイント！

流出しているお金の流れを食い止め、域内購入率・生産率を高めていくことは、地域の経済対策のみならず、中長期的な定住促進対策でもあるのです。

3 中長期的な展望をもって、地域人口の未来を描く

第2節では、富士見町のある地区で域内購入・生産率を高めることによる、新たな定住人口の可能性をみてきました。では、20年後、30年後も町が持続していくには、どれだけの定住人口を達成していけばよいのでしょうか。

人口予測（現状推移モデル）

島根県中山間地域センターが、地域人口を安定化させていくための具体的な手法を検討するために開発した、簡易な人口分析＆予測プログラムがあります。

これは、住民基本台帳データによる年齢層別の変化率（＝コーホート変化率）[*15]から、将来人口を予測していくものですが、2010年、2015年のデータから予測される富士見町の将来人口と高齢化率は、図5-4が示すように、2060年には2010年の4割減、高齢化率も人口のほぼ半数を占める、といった状況になっています。

この状況を少しでも好転させようと、いまやみくもに定住人口を増やす努力をしたところで、すぐにはうまくいきません。中長期的な展望を考えれば、「老年層」「子育て30～40代」「小中学生」の3年代層のバランスをしっかり保って、定住人口をコツコツ積み上げていくことが大事です。それは、いっせいに高齢化を迎え、大きな社会問題となっている都市郊外の団地の例をみても明らかです。

図5-4 長野県富士見町の人口予測（現状推移モデル）

※2010～2015年の人口変化がそのまま継続すると仮定して推計

定住増加による人口安定化シナリオ

　図5-5は、やはり、島根県中山間地域センターの人口分析＆予測プログラムを用いて推計した、人口安定化シナリオを適用した場合の人口予測です。なお、ここでの安定化を満たす基準は、以下の三つに基づいています。①30年後の人口総数が2015年人口総数と比較して1割減以内に収まること、②30年後の高齢化率が2015年の高齢化率と比較して悪化しないこと（ただし、2010年の高齢化率が40％以下の場合は、30年後の高齢化率が40％以内に収まれば高齢化率は悪化していないものと判断する）、③30年後の年少人口（0～14歳）が2015年の年少人口と比較して1割減以内に収まること。

　この富士見町の人口安定化シナリオによると、20代前半男女・30代前半子連れ夫婦・60代前半夫婦の定住を毎年各9世帯・合計27世帯63人増加（人口全体0.4％分）させればよいことになります。なお、この推計は、出生率（1.67）と10代後半からの流出率（男14％、女18％）は現行のままで行っています。毎年27世帯の定住増はなかなか大変、と思うかもしれませんが、富士見町には全部で39集落ありますから、1集落1～2年に1世帯と考えると、それほど非現実的なものではない、と思えてくるから不思議です。

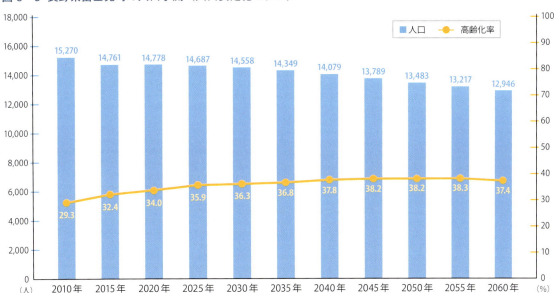

図5-5 長野県富士見町の人口予測（人口安定化モデル）

※20代前半男女・30代前半子連れ夫婦・60代前半夫婦の定住を毎年各9世帯・合計27世帯63人増加（人口全体の0.4％分）のシナリオ適用

ここがポイント！

高校や大学進学・就職と同時に、多くの若者が地域外に流出しています。でも、若者が地域の外（海外含む）に一時的に流出しても、見聞を広め、経験を積み、いずれ帰ってきてくれるならそれもよし。そのために「帰ってきたくなる（帰ってこいと言える）町づくり」という視点も大事です。

＊15：巻末の用語解説を参照。

4 地域内購入率・生産率の向上と田園回帰は地球温暖化対策!?

低炭素社会の実現を目指そう、なんて言うと、「それどころではないよ。地方は、まずは地域経済を活性化し定住者を増やさないと!」という声が聞こえてきそうですね。でも実は、それ自体が地球温暖化対策につながるのです。

地方移住は温暖化対策

水力、風力、バイオマス、太陽光などの再生可能エネルギー（以下、再エネ）は、地方に多く存在し、天然ガスや石炭などの化石燃料や原子力による発電が出力50万－100万kW台の「集中型」の発電であるのに対し、メガソーラーや風力（ウィンドファーム）でも数万kW止まり。地産地消に向いている資源ですから、うまく活用すれば、地方の創生におおいに役立つ貴重な資源になります。また、再エネ資源に恵まれない都市部は基本的に高炭素なライフスタイルを余儀なくされますから、都市部から多くの人々が再エネに恵まれた地方に移住して低炭素な生活を送る「再エネ人口還流」による、二酸化炭素排出量の削減効果にも注目すべきです。

図5-6は、全国自治体での、再エネ自給可能性に基づいた還流可能人口の推計を示しています。この推計では全国で約470万人の還流可能人口ポテンシャルがあり、それによるCO_2削減効果は1年あたり約9Mtであるとしています。

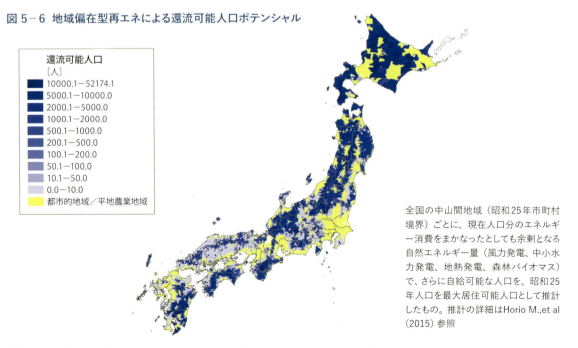

図5-6 地域偏在型再エネによる還流可能人口ポテンシャル

全国の中山間地域（昭和25年市町村境界）ごとに、現在人口分のエネルギー消費をまかなったとしても余剰となる自然エネルギー量（風力発電、中小水力発電、地熱発電、森林バイオマス）で、さらに自給可能な人口を、昭和25年人口を最大居住可能人口として推計したもの。推計の詳細はHorio M.,et al (2015)参照

※ Horio M., Shigeto, S. Ii, R., Shimatani, Y., and Hidaka, M., "Potential of the 'Renewable Energy Exodus' (a mass rural remigration) for massive GHG reduction in Japan", Applied Energy 160, 2015, pp.623-632

地方における低炭素ライフスタイルの実現

ただし、上の推計は「地方にふんだんに賦存する再エネの利用がすすみ、低炭素なライフスタイルが実現されれば」という前提となります。では現在の農山村の生活は低炭素といえるのでしょうか。

表5－3は、地域版家計調査（第2章参照）と、国立環境研究所が推計した部門別排出原単位3EIDを乗じて算出した、富士見町落合地区における家庭消費による世帯あたり間接（生産・流通段階から）・直接（直接的な化石燃料利用）CO_2排出量を示しています。

参考に、2005年の全国データを並べました。それと比較してみると、食料による間接CO_2排出量は、2005年全国平均データのおよそ3分の2と小さく、生産地を有し、家庭菜園、農家の自家消費などが盛んな農村地域の利点が生かされた結果となっているようです。しかし、第2節で示したように、富士見町は、食料の地域内購入額における地域内生産率が非常に低い地域です。食料消費によるCO_2削減については、地域内消費や、旬産旬消によるポテンシャルが大きいことがわかっています。[*16] 地域内に生産地をもつ富士見町のような農村地域では特に、地域内消費をより高めていくことは、所得の取り戻し、という点だけでなく、温暖化対策としても大きな意味をもちます。

一方、エネルギー消費に関しては、寒冷地であることもあり、光熱費（特にガス・灯油）、地域の交通の要となる自家用車（ガソリン）からのCO_2排出量は、間接・直接ともに2005年時点の全国平均を大きく上回っています。しかし、それらは、再エネによる電気・ガス・灯油のエネルギー転換と、自家用車や公共交通の電化により、将来的に排出量をほぼゼロにすることが期待できます。

表5－3　長野県富士見町落合地区における家庭消費による世帯あたり間接・直接CO_2排出量

	長野県　富士見町落合地区		（参考）2005年全国データ*	
	間接CO_2排出量 (kg-CO_2/年)	直接CO_2排出量 (kg-CO_2/年)	間接CO_2排出量 (kg-CO_2/年)	直接CO_2排出量 (kg-CO_2/年)
・食料	993	0	1,482	0
・光熱費（計）	3,413	2,123	2,701	1,639
電気	3,079	0	2,496	0
ガス（プロパン）	239	474	58	597
灯油（冷暖房・給湯用）	96	1,648	38	2,463
・ガソリン	259	2,212	129	824
CO_2排出量・計	4,665	4,335	4,312	2,463

※Shigeto,S., Yamagata, Y., Ii, R., Hidaka, M. and Horio, M. "An easily traceable scenario for 80% CO_2 emission reduction in Japan through the final consumption-based CO_2 emission approach: A case study of Kyoto-city" *Applied Energy*, 90, 2012, pp201-205

ここがポイント！

地方創生だけではなく地球温暖化対策にもなる、エネルギー・食料の地域内購入率、地域内生産率の向上と、都市からの定住人口の増加。この両者の関係を無視し、「再エネの活用」だけに突っ走るとおかしなことになるので、注意が必要です（このことについては、第4章をご参照ください）。

---

*16：Yoshikawa, N., Fujiwara, N., Nagata, J. and Amano, K. (2016) "Greenhouse gases reduction potential through consumer's behavioral changes in terms of food-related product selection" *Applied Energy*, 162, pp.1564-1570

5 地域で何をどう進めるか（1）
――新たな共通価値の創造

地域内購入・生産率の向上を高め、地域内循環推進で低炭素なライフスタイルを実現しながら定住者を増やしていく。そのような未来に向けて、地域では何からどう進めていけばよいのでしょうか。富士見町では……。

地域の構造とキーパーソンの把握

地域には、さまざまな団体や人がいて、地域のために、それぞれの立場で、やるべきこと、やりたいことを一生懸命に進めています。図5-7は、筆者（＝重藤）が2014年度トヨタ財団研究助成プロジェクト、ならびに環境省研究（第1章参照）で富士見町に通い始めた2014～2015年当時の地域内での活動母体を、活動のタイプや属性ごとに色分けしながらプロットしたものです。

これは、筆者が把握できた範囲であり、ボランティア活動やイベントなども挙げると、ここでは紹介しきれない数になります。3年を経たいま（2017年時点）でも、刻々と新しい事業や取り組み、相互のネットワーク（地域外も含む）が生まれ、日々進化している地域です。「でも、なんかバラバラで、統一感がなく、もったいない」、そんな声も聞こえていました。

そこで筆者らは、訪問者という立場を活用しつつも、地域のよりよい未来をともに考える、という同一目線を徹底し、まずさまざまな地域団体、活動団体などへ挨拶や研究の説明も兼ね、これまでの活動や地域へのおもいなどのヒアリングを行いました。そのなかで、長野県立富士見高等学校（以下、富士見高校）の園芸科の先生・生徒たち、役場・商工会がキーパーソンであることを確認。なかでも、富士見高校が、幅広い町民が回帰し共有することのできる地域資産であることがわかってきました。

図 5-7 2014～2015年当時の長野県富士見町のさまざまな団体や活動

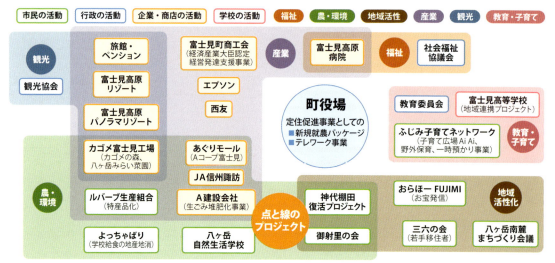

※2014～2015年当時の地域の状況をもとに作成

キーパーソン同士をつなぎ、地域の新たな共通価値の創造へ

次に考えたのは、キーパーソン同士をつなぎ、地域のよさの再発見から、新たな共通価値の創造に向けて動き出すこと。最初はきっかけづくりにすぎなくても、この動きを発見的に持続していくことで、いずれ、（私たちの目から見ると）一種のバラバラ状態にある地域が、内発的にその状況を脱却し、地域のもつさまざまな活力と資産を活かし、よりよい未来づくりに取り組んでいけるはず、ということ。

そこで、2016年2月27日に、富士見町のすごさをあらためて確認し、今後進むべき道を皆で話し合うためのきっかけづくり「ふじみの森学校」を開催することとし、キーパーソンと筆者ら（プロジェクト研究メンバー）で実行委員会を結成し準備を進めました。

ここで最も気を配ったのは、まちの皆が一丸となれる「場」と「テーマ設定」です。多くの人々が気軽に参加できるよう、富士見高校の生徒が生み出したゆるキャラ「ルバンビー」に全面的に便乗し、校長はルバンビー、参加者は皆生徒、という設定でフラットに話し合える場を演出。皆が価値を共有できるテーマとして、前半は富士見町の農業・環境、商業・工業、子育て・教育、医療・福祉の「すごい」を集めた講演、後半は商工会とタイアップして、「駅前にもっと人が集まる」アイデア発表、ワークショップを行いました（写真5-1）。

その後は、「ふじみの森実行委員会」（第7節参照）の事業として、第2弾（2016年9月15日）、第3弾（2017年2月16日）、第4弾（2018年1月18日）と、富士見町の人口シミュレーションや地域内経済循環調査の結果も町の人々と共有しつつ、地域の新たな共通価値の創造に取り組んできました。

写真5-1 2016年2月27日に開催した「ふじみの森学校」の様子

商工会とタイアップした「駅前にもっと人が集まる」アイデア発表

多くの参加者が集まった

富士見高校の生徒が生み出したゆるキャラ「ルバンビー」が校長として登場

写真提供：ふじみの森実行委員会

ここがポイント！

地域が一丸となって、大切に守り育てていくべき共通の価値や資産は、地域の人々が、地域のすごさを再認識し、よりよい未来を考える、という一連の発見的な活動のなかで見出されていくものです。そしてそれらは、地域内循環推進のシンボルにもなっていくことでしょう。

6 地域で何をどう進めるか(2)
——駅前商店街から域内循環を仕掛ける

富士見町でも、よりよい未来のためにやるべきことはみえているようです。でも、地域にはなかなか複雑な大人の事情もあり、慎重に議論を重ねているうちに、日は経つばかり。そんななか、とにかく行動に移さなければ！　と高校生たちが動き出しました。

高校生が立ち上がった！

　首都圏や都市部からの交通の便もよく、毎年多くの観光客を呼び込んでいる富士見町。しかし、町の玄関であるはずの富士見駅前周辺は、20年前にJAショッピングセンターが駅前から郊外に移転したのを契機に年々かつてのにぎわいを失い、空き店舗が目立つようになりました。また、お土産屋や産地直販所、宿もなく、来町観光客（年間80万人）を含む駅利用者による経済効果も見込めないのが現状です。

　駅前の再生については、商工会が商店主や消費者を集めたワークショップも行い、課題の認識や共有を進めていましたが、具体的な行動にはなかなかつながっていませんでした。そんななか、富士見高校園芸科生徒が「商店街の活性化」を掲げて動き始めました。「空き店舗を利用して、高校生のアンテナショップをやりたい！」このおもいに賛同した薬局のオーナーさんから無償で旧店舗を貸していただけることになりましたが、県立高校なので、建物使用貸借契約の主体に高校がなれない、光熱費として支払える予算がない、などと困っていました。契約主体については、高校生のおもいをぜひ後押ししたい、と富士見町商工会が引き受けてくれることになりました。

　高校生が主体となった駅前商店街でのアンテナショップ開店は、地域の人々の地元産購入や応援の気運を高め、具体的アクションに向けた、大きな第一

写真5-2　駅前アンテナショップ「ふじみの森」開店まで

2015年8月
みんなで空き家掃除

2015年11月
高校生ショップ兼
プロジェクト拠点
オープン

2015年11月～2016年1月
大好評！高校生ショップ

歩になる可能性があります。そこで筆者らの研究拠点としても位置づけ、研究費から光熱費を支払うことになりました。高校生とともに空き店舗の掃除や備品の整備を行い、駅前アンテナショップ「ふじみの森」兼富士見町の研究プロジェクト拠点は、2015年11月にオープンしました（写真5-2）。

高校生の行動力が大人のやる気に火をつけた!?

　アンテナショップ「ふじみの森」は当初高校生の出展時のみ週1回のオープンでしたが、「せっかくオープンしたのに週1回では寂しい。ぜひ毎日オープンさせてほしい」という要望が多く寄せられ、2016年2月から平日は毎日オープンすることになりました。

　富士見駅前は、富士見町の特産品や地域の情報など魅力発信の場、地域内外の人々が気軽に立ち寄れる交流の場が限られています。そこで、現在の運営母体「ふじみの森実行委員会」（第7節参照）を中心に、地域の他団体とも連携し、高校生のアンテナショップとしてだけではなく、富士見町の魅力発信、さらには地域内外との新たな交流の場でもある「町のアンテナショップ」への展開を目指しています。

　高校生のこういった動きに、地域の大人たちも負けていられない、と思ったのかどうかはわかりませんが、商店街でも、商店主有志による「富士見駅前がけっぷちで頑張る商店主の会」や「ふじみえきまえ通りおかみさんの会」が結成され、集客イベントが自主的かつ盛大に行われるようになりました。また、観光協会と町の主催で駅前軽トラ市が開催されるようになり、駅前・商店街を盛り上げるイベントも、年々にぎやかなものになってきています（写真5-3）。

写真5-3　ハロウィンイベントや軽トラ市の様子

写真提供：富士見町商工会、富士見町観光協会

ここがポイント！

いくらよいアイデアがあっても、やってみなければ何も始まりません。形となった活動は、周囲の人々にインパクトを与え、次の活動を呼び起こします。そして何より大切なのは自分たちが楽しむこと。高校生に先を越されたけれど、大人も負けていないぞ、という富士見町の人々の底力を感じます。

7 地域で何をどう進めるか（3）
── 地域のプラットフォーム形成

「皆、さまざまな組織の事情やしがらみなどがあってなかなか大変だろうけど、地域をよくしたい、という思いは同じ。そういったものを超え、安心して自由に発言し、行動に移せる仕組みがほしいね」ということになり、富士見町に新たな組織が生まれました。

立場やしがらみはあれど、おもいは一つ

　富士見高校の生徒を応援するということを切り口に行ってきた、地域のよさの再発見や地域の新たな共通価値の創造に向けての活動を紹介してきました。

写真5-4　ふじみの森実行委員会設立会議の様子
　　　　（2016年4月15日）

写真提供：ふじみの森実行委員会

　これらの活動を経てわかってきたのは、当然のことですが、地域を代表しうる組織に属する方は特に、立場やしがらみがいろいろあって大変だなあ、ということと、一方で、地域をよくしたい、そのために何か具体的なアクションに踏み出したい、というおもいはひとつ、ということでした。

　第1回の「ふじみの森学校」の開催にあたっては、富士見高校、富士見町商工会、富士見町役場の有志、われわれ研究プロジェクトメンバーで実行委員会を結成して準備を進め、成功を納めましたが、そのよい雰囲気をさらに維持発展させ、自主的に活動できる主体へと育てていこうと、2016年4月15日に任意団体「ふじみの森実行委員会」を設立することになり、その事務局は富士見町商工会に置かせていただけることになりました（写真5-4）。

プラットフォームの設計と運用

　今回行った、具体的な協働の「場」としてのプラットフォームの設計では、誰もが共感してかかわれる目的設定や事業内容にして間口を広げておくと同時に、毎年具体的な事業（活動）を設定し、ともに活動してくださる方を中心に、委員を構成していく、ということでした（役場担当者や関係者は、「オブザーバー」としての参加は可能）。このことにより、言いっぱなしや、議論ばかりで何も進まない、という状況を回避することができ、情勢変化による、幅広い要望や課題にも柔軟に対応できるようになります。一方で、参加者が組織内で困った立場にならないよう、お互いに配慮し、所属組織のメリットにもなるよう、ともに戦略を練っていくことも大事です。

　設置以来、ふじみの森実行委員会では、ほぼ月1回のペースで集まり、①高校生が始めたアンテナショップの運営を引き継ぎ、発展させていくこと、

②富士見高校の生徒の地域活性化活動を応援すること、③「ふじみの森学校」を継続実施すること、という三つの具体的な事業に取り組みながら（写真5-5）、さらなる発展に向けて議論を重ねてきました。

特にアンテナショップの運営については、2016年4月には、光熱費などの補助を行っていたトヨタ財団研究プロジェクトが終了したため、「ふじみの森実行委員会」が支払えるよう、委員が知恵をしぼり、自己資金獲得の道筋を開拓することができました。同時に、実行委員会として、活動助成金の獲得にも挑戦しています。まだ獲得できた助成金はありませんが、企画書づくりの過程でやるべきこと、やりたいことが明確になり、助成金の採否を待たず、いますぐにでもできることはどんどん進めよう、という機運が高まっています。

このことから、「企画書」をまとめる、ということも価値創造を行ううえで重要な活動のひとつであるといえます。ただし、身の丈以上の企画を安易に提案してしまうのは、過度な負担となり、メンバー内の不協和音につながることもありますので、無理をすることはありません。

写真5-5 世代を超えた交流、地域の未来を考える場としての「ふじみの森学校」の展開

「ふじみの森学校」第2弾（2016年9月15日）では富士見高校の生徒作ルバンビーカレーをPR

「ふじみの森学校」第3弾（2017年2月16日）第4弾（2018年1月18日）では富士見高校の生徒とともに町の「現在」を学び「未来」を考えた

写真提供：ふじみの森実行委員会

ここがポイント！

プラットフォームは、つくればよい、というものではないことに注意が必要です。たえず「活動」ベースでメンバーの入れ替えも含め、柔軟に体制を整え、進化していくことが大事です。

column

内発的発展──地域が「主体性をもつ」とはどういうことか

　「地方創生」でも、地方公共団体が自主性・主体性を最大限発揮して、内発的に取り組むことが求められています。しかし、地域が「主体性をもつ」ということ、またそのような主体性・主体はどう育つのか、については、これまで十分な議論がなされているとはいえません。それどころか、専門家の間でも、この「内発的発展」の理論について、「外部の人や動きをシャットアウトして、独立・自立して社会経済的発展を追い求めていく論理」あるいは「政策論や地方自治を拒絶する論理」などの曲解や批判が存在してきました。

　そこで我が国の内発的発展論をあらためてふり返ると、大きく分けて鶴見和子を中心とした「社会運動論」としての内発的発展論と、宮本憲一の「政策論」を中心とした内発的発展論との二つの系譜があります。鶴見和子は、玉野井芳郎などの「地域主義」を引き継ぎ、地域住民の自己変革と主体性を重んじることを中心に論じ、近代化モデルと内発的発展モデルとの関係を、(1)社会運動としての内発的発展、(2)政策の一環としての内発的発展（地域の住民が自発的につくり出した運動を政策のなかに取り入れること）、と分けました（鶴見、1989）。同時に、鶴見は、政策に取り入れられた場合、「自律的地域精神の形成」といった側面がたやすく失われてしまうことを危惧し、内発的発展を持続するためには、社会運動の側面がたえず必要であることを強調しています。

　一方、宮本憲一は、政府主導の「外発型」地域開発を批判し、地方に開発された大規模コンビナートなどがあまり地域に経済的便益をもたらさないどころか、公害問題などの大きな損益を生じさせたことなどを教訓に、「地域の企業・組合などの団体や個人が自発的な学習により計画をたて、自主的な技術開発をもとにして、地域の環境を保全しつつ資源を合理的に利用し、その文化に根ざした経済発展をしながら、地方自治体の手で住民福祉を向上させていくような地域開発」を内発的発展として促しました。しかし、地域が主体となり自主的な決定と努力が行える、という前提において「外来の資本や技術を全く拒否するものではない」（宮本、2007、p.317）と明言しています。

　この点鶴見（1996）も、「内発的発展の運動の主体は、地域の定住者および一時漂流者であるが、外来の漂泊者との交流と協働なしには伝統の再創造は触発されない」（p.206）としています。

　このように、日本を代表する二つの「内発的発展論」は、決して相反するものではありません。つまり、地域住民の主体性の形成なしに政策が導入されるとき、それは見せかけの（啓蒙主義的な）内発的発展にとどまります。また地域住民の内発性が顕在化したあとでも、開かれた地域として、たえず異質なものとの接触と結合による創造の過程を繰り返し、政策論とも結合して再生産を進めていかないと、地域の一体性は失われ、外部事業者との競合に対抗する力も減退するでしょう。

　残念ながら、地方創生の切り札になりうる再エネの活用においても、多くの地域が、このような事態に陥っているように見えます（詳細は、重藤・堀尾［2018］参照）。とはいえ、「何かおかしい」と地域の人々は考え、動き始めています。そういった地域の人々の主体的な学びや実践を温かく支援し、必要なときに適切なサポートができる人材や仕組みも、いま強く求められています。

［参考文献］鶴見和子「内発的発展論の系譜」（鶴見和子、川田侃『内発的発展論』東京大学出版会、1989年）／鶴見和子『内発的発展論の展開』筑摩書房、1996年／宮本憲一『環境経済学　新版』岩波新書、2007年／重藤さわ子、堀尾正靱「農山村における再生可能エネルギー導入と内発的発展」（小田切徳美、橋口卓也編著『内発的農村発展論－理論と実践』）農林統計出版、2018年

第 **6** 章

連結決算で幸せを支える
地域ぐるみの共生、最適化へ

本章では、まず、いまや最大の「産業」となった介護・医療を中心とする社会保障分野のお金の流れに注目します。実際に、それぞれの地域や1人当たりでは、どのくらいの費用がかかっているのでしょう。詳細な地域ごとのデータから実態を割り出します。

そして、地域ぐるみで、分野ごとの単独決算ではなく分野を横断した連結決算の仕組みをつくるなかで、社会保障費を浮かす、あるいは定住に必要な仕事を合わせ技で創り出すようなシステムを考えていきます。

1 最大の「産業」は社会保障
——地域の介護費用を明らかにする

高齢化が進む日本では、いまや最大の「産業」は、社会保障となっています。特に高齢化が先行した中山間地域では、農業生産高などを上回る費用が介護などに使われています。国全体の社会保障費の推移を見たうえで、地域の介護費用の実態を分析してみましょう。

この10年で介護費用は倍増し、20兆円へ

図6-1は、社会保障給付費の現状と将来予測を示したものです。

社会保障給付費の総額は、現状においても、国内総生産の5分の1を超える合計109.5兆円となっています。2012年の農業生産高は4.8兆円、製造業全体は98兆円ですから、かかっている費用からすると、日本最大の「産業」といえるでしょう。

2025年には、これが1.5倍の148.9兆円まで伸び、国内総生産の4分の1に迫ります。なかでも、介護費用は、10年で倍増し、20兆円近くになります。少々消費税を上げても追いつかないような急増が予測されているのです。国民全体としても、それぞれの地域としても、こうした社会保障費用の増加にどう対処するか、有効な対策が求められています。

図6-1　社会保障関係費の現状と将来予測

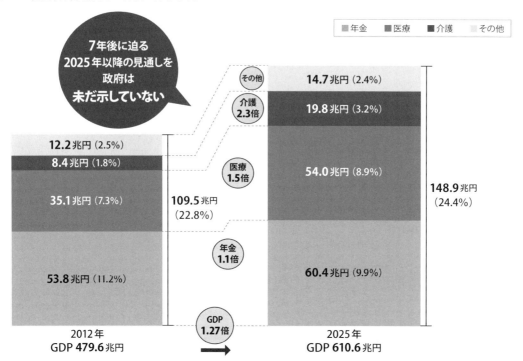

※2012年度の値は厚生労働省「当初予算ベース」より
　財務省「日本の財政関係資料」（2016年10月）より

各地域で介護にどれだけお金がかかっている？ ── 住民１人当たり10～20万円に

次にそれぞれの地域で、介護にどれだけお金がかかっているか、具体的にみてみましょう。

表6-1は、山口市の住民基本台帳人口と介護保険のデータから、市全体および山間部に位置する10の公民館区の介護状況を比較したものです。

人口20万人弱の山口市は、高齢化率はまだ30％に達していませんが、すでに人口の14人に1人（7.4％）が要支援・要介護の認定を受けています。介護費用の総額は153億円、1人当たりでは7.9万円となります。

市内山間部に位置する旧徳地町・旧阿東町の10公民館区では、高齢化が進んでいます。山間10地区全体では、高齢化率は50％を超え、要支援・要介護の認定率も1割を超えています（11.8％）。介護費用の総額は約21億円、1人当たりでは17.1万円となっています。

地区ごとの状況をみると、400人規模の地区でも介護費用の総額は1億円を超えています（嘉年地区）。一般的に高齢化率が高いほうが、住民1人当たりの介護費用が高くなる傾向があります。しかし、よくみると、串地区のように、高齢化率が63.1％に達していても、高齢化率が低い八坂地区や柚野地区、生雲地区よりも平均介護費用が低い場合もあります。

実際、どのように地区ごとの介護費用が決まってくるのか、もっと探っていく必要がありそうです。何しろ、1人年間10～20万円を使っている介護のお金は、個人負担からも、財政的にも、そして地域経済としても、大変重要な存在となっているからです。

表6-1 山口市とその山間地域10地区における介護状況（2017年）

地域	人口（人）	高齢化率（%）	要支援・要介護者 数（人）	要支援・要介護者 人口比（%）	介護費用 総額（万円）	介護費用 住民1人当たり（万円）
山口市	193,287	28.2	14,207	7.4	1,527,660	7.9
串	344	63.1	52	15.1	6,740	19.6
島地	1,292	49.9	151	11.7	19,582	15.2
出雲	2,720	40.5	255	9.4	34,135	12.5
八坂	1,453	53.0	210	14.5	30,762	21.2
柚野	316	58.5	52	16.5	6,789	21.5
篠生	853	53.7	110	12.9	16,668	19.5
生雲	1,056	58.0	157	14.9	24,530	23.2
地福	1,211	49.7	132	10.9	21,029	17.4
徳佐	2,362	50.4	240	10.2	35,403	15.0
嘉年	415	65.3	57	13.7	10,409	25.1
山間総合	12,022	51.1	1,416	11.8	206,047	17.1

※住民基本台帳人口および介護保険データより算出（山口市役所）

ここがポイント！

実は隠れた巨大産業である社会保障。いくら農業や製造業で稼いでも、それ以上に社会保障の費用がかさめば、実質的な豊かさは低下します。

2 介護費用を本当に浮かしている地域はどこ？
——地域のお達者度を金額に換算してみる！

これから、どんどん増えていく介護費用。それに追いつくだけの経済成長や増税ができる時代ではありません。みんなで本気になって「お達者」になり、介護費用や医療費を浮かしていくことが求められています。それには、実際に介護費用を浮かしている地域に学ぶ必要があります。

地域の介護費用を正しく計算する仕組みとは？

ある地域で介護費用が他地域に比べてかさんでいるのか、浮かせているのか——それを正しく計算するためには、単純に1人当たりの平均介護費用を出すだけでは不十分です。高齢化が進んだ地域のほうが一般的に介護費用は多くなりますし、その地域の高齢者が本当に「お達者」かどうかわからないからです。また、性別・年代によって実質的にどこが良くてどこが悪いのかについても不明です。

本当の「お達者」の度合いが反映するように、地域の介護費用の実質的な比較を分析するため、私たちの研究チームは次のような仕組みを開発してみました。

最初に、全国どこの自治体でも入手できる介護保険データと住民基本台帳の対象地区分を用意します。次に対象地区について実際の介護費用を、男女5歳刻みの年齢階層別の介護認定率・要介護度（1〜5段階で示される）と各段階の平均費用を組み合わせて計算します。一方、男女年齢階層別の介護認定率・要介護度と各段階の平均費用については、全国平均値が出ていますので、これを対象地域の男女・[*17]

図6-2 地域の介護費用を正しく算出する仕組み

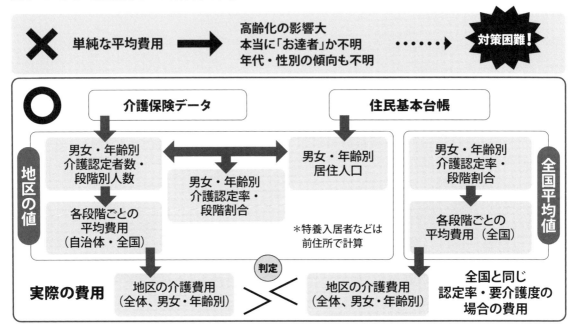

年齢別の居住人口と組み合わせると、全国と同じ認定率・要介護度となったときの介護費用が出ます。この二つの介護費用の総額や1人平均額を出すと、初めて同じ土俵でその地区として全国比で介護費用を浮かせているか、かさませているかが、わかるのです。

同じ自治体の山間部であっても、地区ごとの介護費用はかなり違う！

山口市の山間部の各地区は、全国平均に比べて、男女とも各年代の介護認定率や要介護度が相対的に低く、ほとんどの地区で大きく介護費用を浮かせていることがわかります。多い地区では、その額は年間6,000万円以上となっています。

図6-3で1人当たりの差額をみても優秀で、ほとんどの地区で男女とも、全国平均を下回っています。一番上位の串地区の女性は、人口1人当たり9万6,135円も浮かせています。これは、仮に国民全体で達成すると、12兆円になります（実際に、超高齢化が進んだとしての想定ですが）。

また、同じ自治体の山間部でも、地区ごとにこれだけ差があるという事実は貴重です。今後、先行して浮かせている地区に手法を学び、裾野を広げていく可能性があるのです。

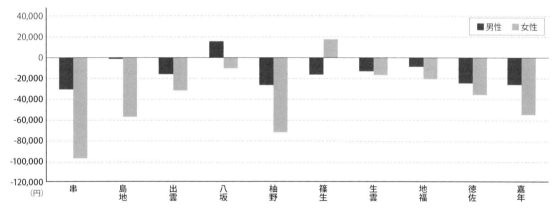

図6-3 山口市山間部10地区における介護費用の全国平均との差額（1人当たり）

※資料は、表6-1と同じ

ここがポイント！

実質的な介護費用の比較をしてみると、大きな地域差がありますね。浮かしている地域は、実質的に財源を創っていることになります。そういう地域には成功報酬（インセンティブ）があってもいいですね。

*17：巻末の用語解説を参照。

3 小さな力を紡ぐコンマXの社会技術
——出番と役割が元気を引き出す

いままでの福祉対策は、自立して日常生活をおくることが困難になった人をどう支援するかに重点が置かれてきました。しかし、本当は、年をとっても障がいがあっても多くの人に宿っている小さな力を引き出し、つなげていくことに解決の糸口があるのではないでしょうか。

串地区にお達者な方が多い秘訣は？

　山口市串地区の女性の介護認定率は、70代前半（0％！）から80代前半にかけて、かなり低くなっています。そして要介護の認定を受けた方の平均介護度は、全世代の国平均を下回っています。その結果、60代後半を除くすべての年齢階層において、1人当たりの介護費用が、全国平均を下回る結果となっています。総額では183人の女性住民で合計1,769万円を浮かせていることになるのです。

　このような「お達者」な女性が多いという分析結果を串地区で報告した際に、その理由や背景を聞いてみました。「ひとり暮らしの人も含めてよくお互いに声をかけあって活動をともにしている」、「野菜の

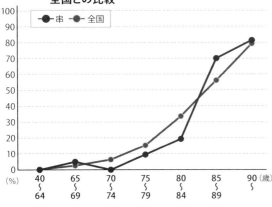

図6-4　山口市串地区女性の介護認定率 全国との比較

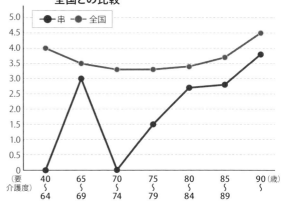

図6-5　山口市串地区女性の平均介護度（認定者）全国との比較

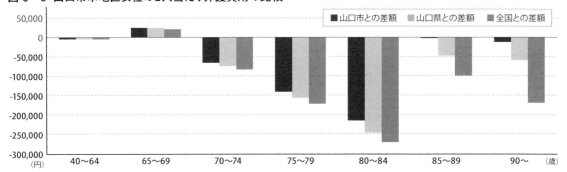

図6-6　山口市串地区女性の1人当たり介護費用の比較

※図6-4〜6-6ともに資料は、表6-1と同じ

共同出荷にも取り組んでいる」といった声が返ってきました。お互いのつながりを背景に、年をとっても一人ひとりの出番と役割をみんなで創っている地域社会のあり方が注目されます。

コンマXの社会技術を大切に —— 社会関係資本が地域を支える

私たちは、年をとっていくと、だんだんと1人役の仕事ができなくなります。個人差はあるでしょうが、必ず1.0、0.9、0.8、0.7、0.6と力は衰えていくものです。

いままでの福祉政策は、高齢化により損なわれた0.1、0.2、0.3、0.4という不足分を何とか地域の外部から専門的な人材や制度により補っていこうとする考え方でした。しかし、このような外発的な仕組みでは、現場での有効性においても財政的にも、持続性が見えなくなっていくのではないでしょうか。

地域の外から「規模の経済」的な発想で対応しようとしても、一人ひとりの細かなニーズを把握すること自体が難問です（情報の壁）。また、1日1～2時間支援すれば助かるような細切れのニーズに対して、遠距離の移動を行うことは、コスト面からも不利となります（ロットの壁）。実際には、地域での助け合いは、長い目でみてお互いさまの部分が多いのですが、外部の事業体では無理です（時間差の壁）。

本当は、支援を受ける人のなかにも、0.1、0.2、0.3、0.4、0.5といった力が宿っているはずなのです。これからの地域社会における福祉では、こうした人々がもっている小さな力をつなぎ直す関係づくりがとても大切です。

たとえば、「私は週1日だけなら働ける」という、いわば「0.2」分ほどがんばることができる人を、5人つないでローテーションすれば、「1.0」の力を発揮できます。そんな「合わせ技」の仕組みをつくらないと、本来その人が持っている「0.2」の力もゼロになってしまいます。そうしたお互いのつながり（＝社会関係資本）で醸成する手法、空間、組織を地域に創りたいものです。

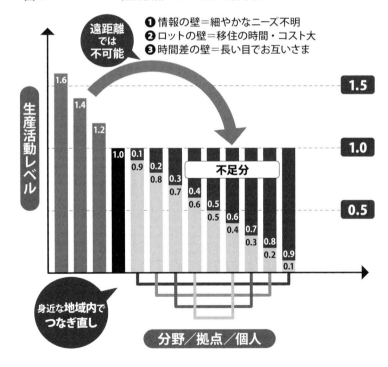

図6-7 コンマXの社会技術で小さな力を紡ぎ合う

ここがポイント！

地域内の小さな力に着目することで、人々の元気さを引き出すだけでなく、外への所得流出も押さえることが出来ます。一石二鳥の効果ですね。

4 「連結決算」のすすめ
——交通の赤字を福祉で取り戻す

私たちは、なかなか「縦割り」の発想から抜けることができません。行政においては特にそうです。しかし、地域の経済や社会は一体のものです。ある部門での「単独決算」が赤字だからといって切り捨てると、他の部門でその赤字額以上の損失が生まれる場合もあるのです。

素敵な「合わせ技」——分野を横断した真砂地区の取り組み

島根県益田市の真砂地区（人口389人、2016年）では、すばらしい「合わせ技」を、公民館を結び目にして展開しています。真砂地区では、5年前から商店がなくなり、車の免許をもたない女性高齢者は買い物に苦労していました。そこで、地元の福祉施設が、昼間は空いているデイサービスの送迎用の車を提供し、買い物支援バスを週1回無料で運行したのです。この試みは、大好評で続いてきました。

実は、買い物先の市内中心部のスーパーは、第3章で紹介した株式会社キヌヤで、地産地消の産直コーナーに力を入れていました。そこで、こんどは、週1回の買い物時に、高齢者の方々が自身で栽培した自慢の野菜を収穫・集荷し、スーパーへ同じ車で持っていくことになりました。

この真砂地区の「買い物」と「野菜の出荷」を同時に行う「合わせ技」は、広範な効果をもたらしています。買い物だけでなく、自らの農作物を販売することで、従来の年金に新たな収入が加わります。それが励みとなり、生き甲斐が増え、農作業で身体を動かすので、元気になります。そうすると、介護費用や医療費は、かなり抑えることができるかもしれません。たとえば80代前半女性で、介護認定を受けた人の費用は1人当たり全国平均で年間133万円にのぼっています。医療費については、男性も含めた1人当たり全国平均で年間89万円もかかっています。

この取り組みのなかで、交通部門だけをとると、何しろ無料運行ですから、基本的に赤字です。また、農産物の売上も、小規模な農業ですので、多くても月に1〜2万円くらいでしょう。しかし、それで「お達者」な人が増えれば、介護費用や医療費が大幅に浮きます。地域住民全体の「連結決算」では、黒字となる可能性が出てくるのです。

写真6-1 買い物＋野菜の出荷（真砂地区の「合わせ技」）

「小さな拠点」（公民館）に高齢者の方々が集合＋野菜を集荷、福祉施設の車両で市内のスーパーへ（写真左）、産直コーナーに「真砂コーナー」が誕生（写真右）、出荷と同時に買い物も楽しんで帰る

写真提供：真砂地区

地域ぐるみの「連結決算」をまとめる ── その考え方と必要な条件整備

このような連結決算の考え方により、一人ひとりがもっている小さな力が引き出され、地域社会のなかに蘇ることは、とてもすばらしいことです。図6-8のイメージ図で示したように、交通部門単独では赤字となっても、買い物や農業だけでなく、介護や医療まで含めた波及効果を考えると、地域全体としては十分カバーできる場合もきっとあるはずです。ただ実際には、なかなか実現していません。地域や行政のどんなところに問題があるのでしょうか。

第一に、行政を筆頭に、まだまだ分野縦割りの考え方が強く、さまざまな取り組みの収支も、分野ごとの「単独決算」が大半です。また、介護や医療については、地域ごとの費用がきちんと算出されていないため、その地域でどんな取り組みをすれば、介護費用や医療費が抑えられるのかという筋道の玄関口で止まっている状態です。関連するさまざまな分野の収支が連動している状況を情報共有できる仕組みが必要なのです。

第二は、たとえ、交通手段の充実によって介護・医療費が節減できることが判明したとしても、その節減分を「成功報酬」として受け取ることのできる制度(インセンティブ)が必要です。こうした制度(せめて半分や3分の1だけでも受け取ることのできる制度)がないと、がんばって介護・医療費を浮かすことがばからしくなってしまいます。

第三は、理想としては、地域ぐるみで横断的に事業を運営する組織の設置が望まれます。部門ごとに分かれた組織では、継続的な赤字に耐えることができませんし、部門内の利益の囲い込みに走りがちになります。それではうまくいきません。「エビで鯛を釣る」とまではいかなくても、あえて特定部門を赤字にしても、それを上回る利益を地域全体で創出するマネジメント手法がポイントなのです。

図6-8 地域ぐるみの連結決算のイメージと望まれる条件整備

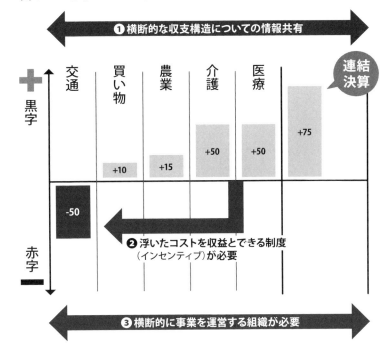

ここがポイント！

スクイズで決勝点を挙げるように、小さな赤字の先行投資で、大きな黒字の連結決算を実現することが、地域マネジメントの醍醐味のはずです。

5 地域ぐるみの取り組み事例

地域ぐるみで、福祉をはじめとする各分野の取り組みをつないで支える時代が来ています。ここまで、小さな力を紡ぐこと、分野を横断した「連結決算」を進めることを述べてきました。それぞれについて、さらによい事例を紹介します。

多様な活躍の場を創る —— 東近江市「あいとうふくしモール」

「あいとうふくしモール」は、滋賀県東近江市の田園地帯にあるユニークな施設です。

「結の家」というデイサービスセンター、訪問看護センター、ケアプランセンターを兼ねた福祉施設だけでなく、「ファームキッチン野菜花」という福祉支援型農家レストランもあります。「田園カフェ　こむぎ」というパン屋さんも同じ敷地内で営業しており、それを経営しているNPO法人は、周辺の里山保全も兼ねた薪づくりも行っていて、冬になるとモールの周囲には薪の垣根ができます。各施設には薪ストーブが備えられ、「地産地消」の温もりを提供しています。

全体として、必要な方にしっかりしたケアを提供するという福祉の基本機能だけでなく、多様な機能を複合的に組み合わせた空間の中で、お年寄りや知的障がい者などがそれぞれの小さな力や役割を発揮する仕組みとなっています。

私は、多くの既存の福祉施設は、あまりにもケア機能だけに特化した閉鎖的な空間になっていると感

写真6-2　滋賀県東近江市「あいとうふくしモール」の「合わせ技」

デイサービスセンターなどの福祉施設「結の家」（左上）、福祉支援型農家レストラン「ファームキッチン野菜花」（右上）、パン屋「田園カフェこむぎ」（右下）が同じ敷地内で営業。薪づくり（左下）も行っている

じています。もちろん、ケア機能は欠かせないのですが、この「福祉モール」のように、一人ひとりの小さな力や機能を幅広い交流のなかで紡ぐことを忘れないでほしいのです。

340人の地区に商店が復活した理由 ── 雲南市波多地区

　分野を横断して予算や人を動かす「連結決算」の考え方については、島根県雲南市の山間部、波多地区によい事例があります。

　波多地区の人口は、340人。5～6年前から地区内に商店が1軒もなくなり、運転ができない高齢者を中心に困っていました。2014年10月、元の小学校校舎を活用した地域交流センターのなかに、新たな商店機能「はたマーケット」がオープンしました。

　元の教室を利用した店舗には、豊富な品揃えがあり、買い物客には、無料で自宅まで送迎する交通サービスまであります。どうして、こんな素敵なことが実現しているのでしょうか。それは、分野を横断して柔軟に人を動かす仕組みがあるからです。

　雲南市では、2013年度から、それまでの公民館、福祉センター、コミュニティセンターといった分野ごとの拠点機能を、地区ごとに交流センターに一本化しました。市から各地区への予算配分も、縦割りではなく一括交付金として渡しています。地域側では、その交付金で自ら地域住民を雇用し、地域全体として動きやすいように柔軟な体制をつくっています。340人の小規模な地区ですから、商店だけ、車の送迎だけでは、1人役の仕事になりません。お客さんが来たときには、ふだん勤務している事務室から移動してレジ対応などをし、必要に応じてその後自宅まで送るという仕組みです。

　この場合も、交通部門の単独決算では、無料サービスですから赤字です。店舗も、人件費が他の部門も含めて一括して計算されているので、収支トントンとなっています。住民が主役になれば、小規模な地区でも安心して暮らせる地域の仕組みづくりが可能なのです。それには雲南市のように、行政側の「縦割り」卒業も必要です。

写真 6－3　島根県雲南市波多地区における分野を横断した柔軟な事業体制　「波多コミュニティ協議会」

波多交流センターの職員は波多コミュニティ協議会（認可地縁団体）が雲南市の交付金で雇用。協議会名義で軽ワゴン車を購入し、センター職員やボランティア登録した地区の人が高齢者の地区内での移動を支援する（写真右）。生鮮食品から日用品まで扱う「はたマーケット」の店番はセンター職員がセンターの通常業務と兼務する（写真左）

撮影：高木あつ子

ここがポイント！

地域づくりには、「補欠」はいません。縦割りで、規模にこだわっていると、みんなが持っている小さな力を発揮する土俵が生まれません。

6 定住も合わせ技で実現
——地元に分野横断の法人組織をつくる

ここまでは、今後心配される福祉分野を軸として新たな合わせ技の可能性を考えてきました。分野を横断したこの地域ぐるみの仕組みは、これから必要とされる定住実現についても有効です。地元に分野横断の法人組織を創り、小さな雇用をつないでいくのです。

自治組織と二人三脚の法人組織を創る —— 島根県邑南町出羽地区

島根県邑南町出羽地区（人口900人、2016年）には、自治組織と二人三脚で定住実現に取り組んでいる法人組織があります。「合同会社出羽」は、自治会の機能だけでは難しい、収益事業、空き家対策、産業などについて、機動力をもって対応できる実働部隊として2013年に設立されました。当初は、住民有志6人が1万円ずつ持ち寄り法人を立ち上げました。

法人は、農業部門と定住部門の二本柱で運営されています。いずれも一定の収益を上げて新規定住者を雇用する、あるいは比較的安い家賃で空き家を貸し出すことが目的のため、自治組織や行政では取り組みにくいのです。農業部門では、担い手が不足している集落を中心に農地を32ha集積して、2名の新規就農を達成しています。空き家活用も5軒まで増やしています。2016年には、起業支援として、カフェと定住相談窓口を兼ねたパン屋をオープンしています。

このほか、加工品や薪活用も自治会の産業部や生活部で試行して、仕組みができれば合同会社で展開するといった、自治会・法人を連携させた多分野連動の仕組みが注目されています。

図6-9 島根県邑南町出羽地区の連携体制

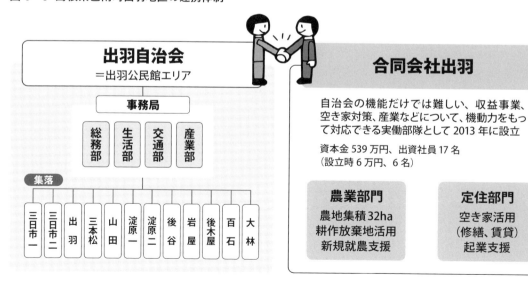

雇用の「連結決算」で定住実現へ

　中山間地域では、ひとつの分野や事業所で一気に数十人の雇用が新たに生まれることは、あまりありません。昔のように、工場をどんどん誘致できる時代ではないのです。誘致したとしても、儲けが見込めなければ、また出ていきます。やはり、自前の資源や特色を活かし、地道に生業を育てるしかないのです。

　それぞれの地域では、よく見ると、1人役ではない小さな就業機会は、けっこうあるものです。ある担い手がいなくなった集落で夏場は稲作をして0.4人役とか、朝夕はオンデマンドバス（注文対応バス）の運転手をして0.4人役とか、週1回は福祉施設を手伝って0.2人役とか……。一方では、新規に就農しても、あるいはパン屋を始めても、最初から1人分丸々の所得を稼げるわけではありません。しかし、こうした1人役に満たない細切れの仕事を、集落や分野、季節を横断してつなぐことができれば、実は何人かの定住を支える仕事の総量はあるはずなのです。

　あとは、出羽地区の合同会社のような地域ぐるみで仕事を創り、回していく仕組みがあればよいのです。現在、全国の中山間地域で取り組まれている「小さな拠点」も、地域の暮らしを「合わせ技」で支える仕組みづくりです。たとえば互いに隣接するカフェとガソリンスタンドで「合わせて一本」というのも、可能性を広げていくものとして期待されます。次ページコラムで紹介する「半農半X」も、「合わせ技」の働き方を突破口とするチャレンジのひとつなのです。

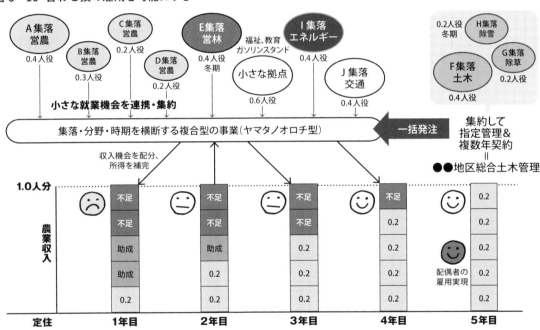

図6-10　合わせ技の雇用を可能にする

ここがポイント！

　最近、全国各地で本気で定住に取り組んでいる地域が、地域みんなのために何でもできる法人組織を次々と立ち上げています。会社も働き方も「合わせ技」ですね。

column

半農半Xで定住実現 —— 島根県の挑戦

　島根県庁の農業経営課では、2010年度から、農業を営みながら他の仕事にも携わり、双方で生活に必要な所得を確保する仕組み、いわゆる"半農半X"を島根らしい田舎でのライフスタイルとして推進しています。都道府県では、おそらく唯一の取り組みです。

　実践者への助成メニューとしては、以下のような3本柱となっています。

> ❶ **就農前研修経費助成事業**　【最長1年間】
> 　➡ 就農前の研修に必要な経費等12万円/月を助成
> ❷ **定住定着助成事業**　【最長1年間】
> 　➡ 定住開始後の営農に必要な経費等12万円/月を助成
> ❸ **半農半X開始支援事業**　【ハード事業】
> 　➡ 営農に必要な施設整備の経費の3分の1を助成

　2012年度から本格的な半農半X事業としてリニューアルするなかで、2016年度まで50名が実践者として認定され、うち定着者は46名。家族を含めると89名が定住・定着しています。

　具体的な半農半Xの組み合わせパターンは、以下のようにさまざまです。意外に多いのが、農業法人で働きながら、自分でも農業をする「半農半農雇用」です。

カテゴリー	具体的な「X」	実践者数
半農半農雇用	農業法人勤務、集落営農勤務、加工所勤務など	17名
半農半蔵人	酒造会社（杜氏）	3名
半農半除雪	スキー場勤務、高速道路除雪	6名
半農半サービス	道の駅勤務、ホームセンター勤務、コンビニエンスストア勤務、新聞配達など	16名
半農半自営業	庭師、左官、カメラマン	5名
半農半漁	河川漁業	1名

資料提供：島根県農業経営課

　2016年に集約された実践者全員アンケート結果からは、所得水準にはやや不満が残るものの、実践者のほとんどが移住前よりも幸福感や住民同士のつながりが増大したと答えています。そして、地域の自然環境には、高い満足度が示されています。

　本章で展開してきた「連結決算で幸せを支える」の考え方。そのワーキング＆ライフスタイルの実践形として、半農半Xに注目していきたいと思います。

第7章

循環の経済へ進化する

持続可能な地域社会を創る
30年構想プラン

ここまで、地域経済循環を取り戻す取り組みをさまざまな角度から論じてきました。これからの持続可能な社会に向けては、現在の一度限りの「規模の経済」から「循環の経済」へ進化していくことが地域全体として求められます。本章では、その進化を実現する基本的な設計やステージ設定などを、1世代・30年という長期構想を検討するなかで考えていきます。

1 地元に循環の拠点を創る
―― 基本的な「循環自治区」の設定と「小さな拠点」

まずは、地域経済循環の基本的な舞台となる地区単位の設定が重要です。その単位は人々が日常生活を営む圏域であり、自然と共生しながら食料やエネルギーを利用する最前線の一次生活圏です。「全体最適化」という経営用語をあえて使えば、地域ぐるみの全体最適化をもたらす拠点とネットワーク構造はどうあるべきか。まずそこから考えていきましょう。

循環型社会の基礎単位 =「循環自治区」

まず、中山間地域でのアプローチを考えていきます。かつては、集落が最も基礎的な地域運営単位であり、自然資源の利用や農業においても共同体が機能していました。しかし、小規模・高齢化した集落は、単独では定住を支えたり経済循環を組み立てたりすることは困難です。

一方、平成の大合併後の自治体の大きさになると、こんどは広すぎて、地域のなかで各分野を結ぶきめの細かい暮らしや経済の循環をマネジメントすることが難しくなります。したがって、おおむね、昭和の旧村程度の範囲で、現在あるいはひと昔前の小学校区・公民館区に相当する人口数百人から数千人規模の地域が、コミュニティのまとまりとしても、暮らしを支える一次機能の配置としても、これからの基本的な循環と自治の単位となると考えられます。また、平成の大合併以降、集落を束ねた地域運営組織が西日本を中心に形成された圏域でもあります。この地区単位を「循環自治区」と呼ぶことにします。

図7-1 一次生活圏=循環自治区として想定される圏域

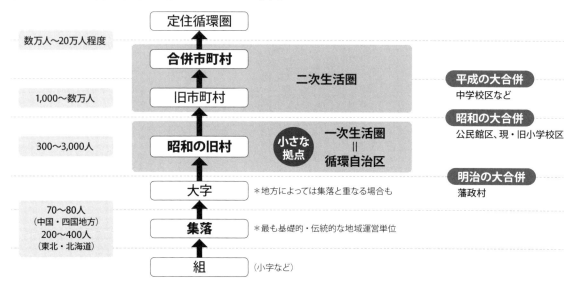

「小さな拠点」は「循環自治区」における定住と循環の砦

現在の地方創生の取り組みのなかで、全国の中山間地域では、住民の暮らしとコミュニティ機能を分野横断の複合的な仕組みにより守る拠点として、「小さな拠点」の形成に力が入れられています。

筆者（＝藤山）は、図7-2のような「小さな拠点」に通じる「郷の駅」構想を10年以上前から唱えていました。郷の駅は、中山間地域の「循環自治区」程度のところの中心地に置かれます。第6章で論じたよ うに、分野縦割りでは成り立たない諸機能や雇用を「合わせ技」で確保します。お互いの施設が近接しているので、「0.5人役」と「0.5人役」の仕事を同時にこなすことも容易です。

「小さな拠点」は産直市や地元レストラン、エネルギーステーションを備え、地産地消の循環機能を高め、分散的居住に対しては、人もモノも同時に複合輸送をすることにより、効率を高めます。

図7-2 「循環自治区」全体をつなぐ「小さな拠点」（郷の駅）

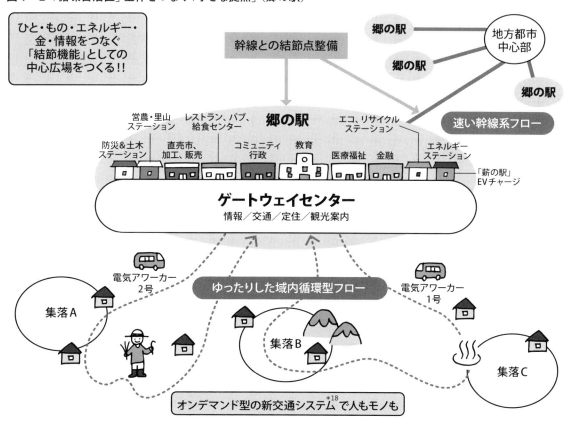

ここがポイント！

循環には、必ず結び目＝結節拠点が必要です。基本は、人と人の交流にありますから、自然と人々が集う居心地のよい空間づくりが大切ですね。

*18：巻末の用語解説を参照。

2 地方都市圏を多重の循環で再生する
——「小さな拠点」をつなぐ広域のハブとネットワーク

中山間地域に、「小さな拠点」が「離れ小島」のように点在するだけでは、人やモノの流れ、そして地域経済の循環も一定以上発展しません。「小さな拠点」をさらにつないで二重三重の拠点としていくネットワークの仕組みが「定住循環圏」として必要になってきます。

地方都市圏＝定住循環圏における次世代の拠点・ネットワーク構造は？

地域経済循環の再生を考えるとき、地方都市における次世代の拠点・ネットワーク構造は、どのように想定できるでしょうか。図7-3は、その基本的な考え方を示したものです。

まず、周辺の中山間地域の各集落・世帯で、小規模・分散的に生産された食料などは、第1節に示したような複合的な輸送システムにより、「小さな拠点」で一度集約され、地方都市中心部へと運ばれます。地方都市中心部には、広域ハブ拠点があり、都市圏内の「小さな拠点」からだけでなく、都市圏外で大量に生産されたものも運び込まれます。IoT（モノのインターネット）などの進化で、都市圏内での消費先に向けて自動的に仕分け・荷解きされた物資は、再び複合的な輸送システムにより、「小さな拠点」を経由して、それぞれの集落・世帯まで届きます。再生可能エネルギーは、圏内で分散的に生産されますので、地元と広域それぞれの供給基地をつくり、広域と地元のハブ拠点のプラントに運びます。

図7-3 定住循環圏における次世代の拠点・ネットワーク構造

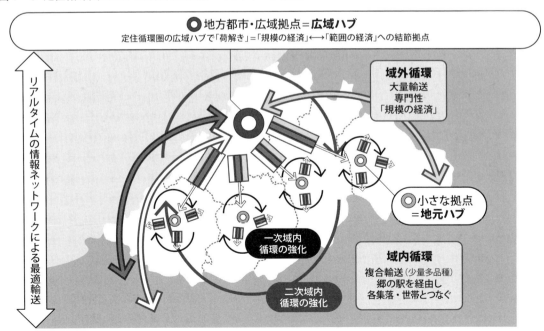

地方都市中心部には広域ハブ拠点を整備

　前ページのようなネットワークが成り立てば、少量多品種で生産されたものも地方都市中心部まで効率的に届き、一方、都市圏外で生産されたものも周辺の集落まで行き着くことができるでしょう。ポイントは、「規模の経済」が発生しない周辺部の物流を複合化するところにあります。

　さて次は、地方都市中心部の再設計です。地方都市が現在直面している悩みは、大型店や卸売市場、総合病院などが郊外に移転し、中心部が空洞化していることです。これでは、人とモノの流れ全体が分散化し、複合化してまとめて送りだすことが困難になります。もう一度、中心部に思いきった集約化を実現し、地方都市圏における人とモノの流れの広域ハブ拠点を整備しなければなりません。今後のモノのインターネット普及を見込めば、地下に広域の物流センターをつくり、荷物の仕分けや輸送コンテナへの運び込みを自動で行うことも十分可能となるでしょう。そして、地上で待っている旅客輸送の交通システムに受け渡し、周辺地域と行き来するのです。

　このように多分野の拠点が集結すると、再生可能エネルギーを使い、熱と電気を同時に供給するコジェネレーションのエネルギープラントの出番となります。この熱も電気も有効に共有するシステムが、一番熱効率が高いのです。

図7-4 地方都市中心部における広域ハブ（マルチコア）の整備

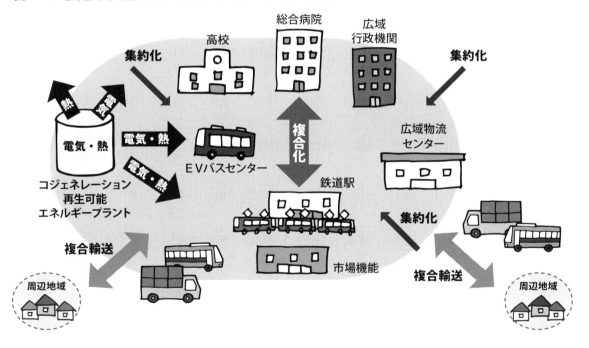

ここがポイント！

地方都市周辺部における新聞の配達は、すでに各社相乗りの「呉越同舟方式」となっています。末端の家までカバーするこのシステムを他の分野にも広げていきましょう。たとえば、新聞配達と同時に、朝採れの野菜を集荷するなど、可能性は広がります。

3 新交通システムによるシミュレーション
——「アワーカー」で集落から地方都市中心部まで結ぶ

前節で示した次世代の拠点とネットワーク構造は、実際にはどのような形で機能するのでしょうか。グローバルスタンダードの観点から、現在のような自家用車に頼った交通体系ではなく、共有の車両による新交通システムでシミュレーションしてみます。

マイカーに代えてアワーカーで交通を組み立ててみる

モデルとした地域は、島根県浜田市弥栄自治区（2008年時の人口1,541人）です。2008年当時、弥栄自治区には、合計して1,009台の自家用車が存在していました。まず、国勢調査による通勤通学データなども参考にして、各集落からマイカーにより浜田市中心部や、自治区内の診療所ならびに行政の支所に1日1回移動する場合に必要な車両数、総移動距離、経費、燃料消費量を、旅客や貨物の業務用の車両分も加えて計算してみました。

次に、郷の駅（小さな拠点）に診療所と行政の支所を集約したうえで、集落ごとに郷の駅との間を結ぶ「アワータクシー」を各1台配置するとともに、郷の駅から浜田市中心部をつなぐ「アワーバス」を配置し、ともに1時間に1回運行するダイヤを設定しました。そのうえで、必要な車両数、総移動距離、経費、燃料消費量を計算し、マイカーシステム時と比較してみました。これらのアワーカーは貨客混載可能なので、貨物の輸送も同時に行っています。

図7−5 地方都市圏（島根県浜田市）における次世代の拠点・ネットワーク構造

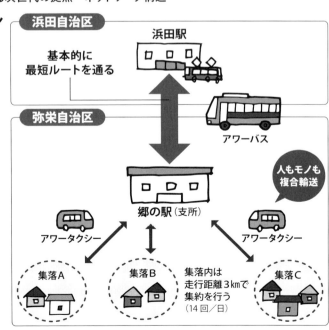

郷の駅と複合化したアワーカーで大幅な車両・燃料削減が可能

　1,500人程度の弥栄自治区に、1,000台以上の自家用車があることがまず驚きでした。第2章の家計調査の分析にもあるように、中山間地域の交通・自動車等関係費は、大都市部の3倍の6万円近くとなっており、大きな経済的負担です。

　図7-6のような集落が分散的に配置されている地区であっても、郷の駅とアワーカーによる輸送共有化システムにより、1時間に1回程度の交通アクセスを確保できるのです。

　そして、表7-1に示したように、必要な車両、走行距離、経費、燃料消費すべての項目で節減が可能となります。この次世代の拠点・ネットワーク構造にアワーカーの発想を組み合わせたシステムは、中山間地域における実質的な所得増加をもたらすことになります。そして、それは、地球温暖化に悩む地球全体にとっても朗報なのです。

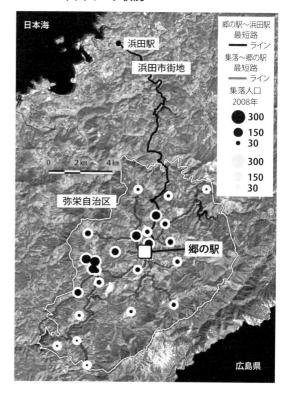

図7-6　弥栄自治区における郷の駅と集落との
　　　　ネットワーク状況

表7-1　郷の駅とアワーカーを組み合わせた場合の効果比較（2008年）

タイプ	必要車両台数（台）	総走行距離（km/日）	総経費（万円/日）	燃料消費（L/日）
マイカー＋業務系車両	1,009	18,865　うち浜田往復　12,373	130	1,662
郷の駅＋アワーカー（を導入すると）	51	5,431　うち浜田往復　749	115	905
差	▲958	▲13,434	▲15	▲757
節減率	94.9%	71.2%	11.5%	45.5%

※詳しい分析結果や前提条件などは、科学技術振興機構社会技術開発センター社会技術研究開発事業研究開発実施終了報告書「中山間地域に人々が集う脱温暖化の『郷（さと）』づくり」（島根県中山間地域研究センター他、2013年）を参照

ここがポイント！

　世界中の人々が、マイカーを乗り回す時代は、けっして来ません。そろそろ交通にもシェアリング・エコノミーの時代がやってきます。

4 30年かかる「循環の経済」への転換
——人口安定化・資源育成・インフラ更新

地域内循環を高める拠点やネットワーク構造を実現すれば、地域レベルだけでなく、地球レベルにおいても持続可能性を高めることができそうですね。問題は、どうやって循環の経済の理想形にたどり着くかなのです。その転換のプロセスは、30年かけてやっていきます。

人口安定化も30年かけてじっくり

私たちは、経済のために暮らしているのではありません。安定して幸せな暮らしを続ける手段として経済をどうするのか、が問題とされるのです。ですから、まず、そこに暮らす地域人口を安定化させる戦略から考えていきます。

図7-7は、ある小学校区の地域人口の安定化シナリオの事例です。このように地域人口を長期にわたり安定させるためには、いままでに比べて、毎年人口比1%強分の定住を増やし続けていく必要があります。

10年間で一気に定住者を増やしたとしても、その後10年経てば定住した世代は高齢化し、小学生などもいなくなります。そうした人口の年齢構成などの歪みを生まないために、毎年少しずつ定住を積み重ねていかないといけないのです。1世代かけてやっとバランスのとれた年齢構成に転換していくことができます。

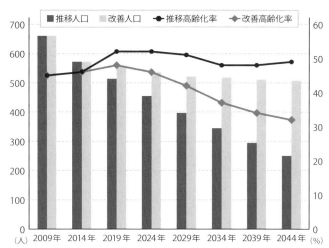

図7-7 地域人口の安定化シナリオ事例

森林も農地もすぐには育たない

これからの「循環の経済」の主役は、再生可能で毎年継続的にエネルギーや食べ物を生み出す森林や農地です。しかしだからといって、来年から森林や農地がもつ潜在的な生産力が一気に発揮されるわけではありません。

たとえば、森林資源をバイオマスエネルギー源として上手に利用しようとすれば、樹種を針葉樹から広葉樹へと転換し、成長力の高い30年程度の齢級で継続的な再生産ができるように、森林を仕立て直す必要があります。このプロセスには、当然ながら30年以上の時間が必要となります（表7-2）。

生き物としての固有のサイクルに合わせて、じっくりと力を引き出す必要があるのです。

表7-2 エネルギー自給に向けた森林資源管理シミュレーション事例

（単位：ha）

種別・齢級／年代	2010年	2020年	2030年	2040年	2050年	種別・齢級／年代	2010年	2020年	2030年	2040年	2050年
1齢級	517	1,000	1,000	1,000	1,000	10齢級	486	415	0	0	0
2齢級	46	1,000	1,000	1,000	1,000	11齢級	812	0	0	0	0
3齢級	150	1,000	1,000	1,000	1,000	12齢級	301	0	0	0	0
4齢級	87	46	1,000	1,000	1,000	13齢級	325	0	0	0	0
5齢級	229	150	1,000	1,000	1,000	14齢級	308	600	0	0	0
6齢級	227	87	46	1,000	1,000	15齢級以上	490	1,000	1,000	1,000	1,000
7齢級	149	227	150	0	0	民有林広葉樹計	5,163	5,891	6,481	7,000	7,000
8齢級	217	149	87	0	0	人工林・国有林	3,932	3,204	2,614	2,095	2,095
9齢級	819	217	198	0	0	森林面積合計	9,095	9,095	9,095	9,095	9,095

※資料は、表7-1と同じ

各分野の施設を集約する —— 拠点・ネットワーク構造全体の進化

　第1節、第2節で説明した中山間地域の「小さな拠点」や地方都市中心部での「広域ハブ拠点」のように、各分野の施設をうまく集約・複合化できれば、輸送面でもエネルギー供給面でも大きなメリットが見込めます。

　しかし、5年から10年で一気に既存の施設を取り壊して、集中的に整備することには、かなりの無理があります。まだまだ更新時期がきていない建物も含めて実施するとなると、大きな財政的負担なども問題となります。日本の建物の更新サイクルは30年程度です。つまり、30年単位で計画していくと、集中的な投資なくして、図7-8のような現在のバラバラな施設配置についても集約が可能になるわけです。

　ここまで、人口・資源・インフラの三つの分野から、30年かけて「循環の経済」に移行する必要性と可能性を説明してきました。注意してほしいのは、30年かけて進めていく必要性は、けっして悪いことで

はないということです。むしろ、いままでの5年や10年で画期的な変化をもたらそうというペース自体に、大きな無理があったのではないでしょうか。真の価値ある変化は、ゆっくりとしか進まないものなのです。

図7-8 分散的な拠点配置の事例

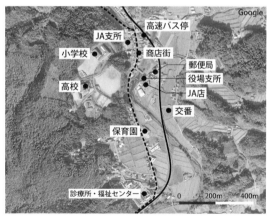

ここがポイント！

　昔から、人々が5年、10年くらいの短期の利益だけを求めていたとしたら、いまの地域のような姿になっていたでしょうか。次の世代を考えてきた古くからの志を受け継ぎたいものです。

5 多重の進化を包括的に考える
——どこから手をつけ、広げていくのか

完成すればすばらしいと思えるシステムであっても、どこから手をつけ、広げていけばよいかがわからないと、理想論で終わってしまいます。本節では、今後の「循環の経済」を支える拠点・ネットワーク構造形成の手順と、求められる条件整備を考えます。

拠点・ネットワーク構造の形成ステージ

地域構造の形成ステージには、2パターンあります。「中央」からと「周辺」からです。

石油文明のもとで形成された「規模の経済」に基づく拠点・ネットワーク構造は、「中央」から形成されました。整備に必要な資源も資金も技術も、中央からの外発的なものだったからです。

これからの「循環の経済」を支える拠点・ネットワーク構造は、必ず「周辺」から築いていかなければなりません。循環を根本的に支える資源は「周辺」にこそ存在し、その活用手法も地域ごとの特性に合ったものとしなければならないからです。そうした「裾野」の充実なくして、「中央」のインフラを固めても「根なし草」にしかなりません。地産地消にしても交通にしてもエネルギーにしても身近な小地域の進化から始め、その段階がある程度成熟したところで、次の広域的対応に向かうべきと考えます。中央から周辺への手順前後をすることなく、包括的な30年間の進行プランを、まずしっかり立てるべきなのです。

図7-9 地方都市圏における次世代の拠点・ネットワーク構造の形成ステージ

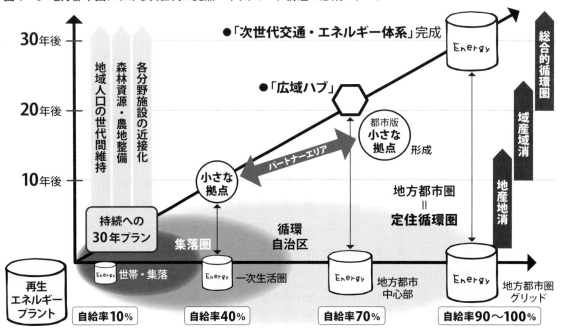

広範な検討課題 ── 必要な条件整備は地区単位設定・評価手法・人材育成

今後は図7-10のような多重の循環圏が求められますが、その形成に向けては、重層的な地域範囲を結んで、広範な検討課題が存在します。それは、有機的に共生する生態系を新たに生み出す場合と同じで、特定の地域や分野における「突破口」のみを探せばよいというものではありません。

包括的なシステムの検討を進めるにあたって、重要と思われる条件整備が三つあります。

第一は、多重的な循環圏の地区単位設定です。まずは、基本的な取り組み単位となる地域範囲を決めないと、そこでの資源量や消費量も算出できず、適合する拠点やネットワーク構造も検討できません。そして、地域を一番よく知っており、長期的な利益を一番強く求めている地域住民による自治権とその地区単位の設定を連動していくことが不可欠です。ただ、注意したいことは、それぞれの循環圏だけで完璧な自給をするなどということを性急に追い求めてはいけないということです。自然界と同じく、個々の大小の生態系は他の生態系とつながり存続している開放系の循環系なのです。

第二は、分野・地域を横断して全体最適をわかりやすく評価する手法の開発です。これは、縦割りの研究や行政の限界を打破するうえでも大切です。

第三は、こうした分野も地域も、そして年代も横断して地域づくりをリードできる人材の育成です。30年間といえば、1世代、いまの高校生が、こんどは自分が高校生の親となる時間の流れです。第5章の富士見町の事例のように、実は、高校生以下へのアプローチが必須なのです。

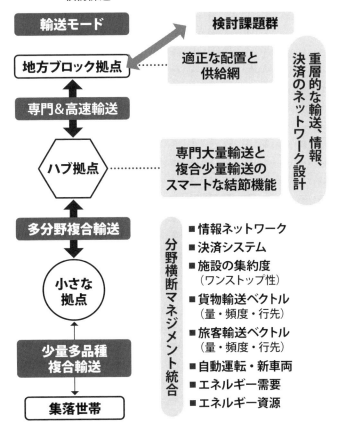

図7-10 次世代の拠点・ネットワーク構造に向けて必要とされる検討課題

ここがポイント！

高い山は、裾野から積み上げていかないと、すぐに崩れてしまいます。小さな地域の小さな取り組みから、本当の進化が始まります。

持続可能な地域社会を創る 30年長期構想プラン

地域経済だけを循環型にして持続可能なものとしていくことはできません。地域社会のシステム全体を組み直していくなかで、「循環の経済」は進化できますし、その進化がまた地域社会全体の転換を後押しします。今後のさらなる議論の高まりにつながるよう、持続可能な地域社会を創るための30年長期構想プランを、まずは想定してみたいと思います。

これから2020年代にかけての転換構想プラン ── 準備・挑戦・始動

第4節・第5節で述べたように、社会全体の基盤も含めて「循環の経済」に転換しようとすると、それは、これから1世代・30年かかる歩みとなります。つまり、およそ2020年から2050年にかけての未来の長期的展望が求められているわけです。

日本の歴史をみても、社会構造の大転換が成就するには、30年前後の時間がかかっていることがわかります。たとえば、ペリー来航（1853年）から明治維新が起こり、新しい政治の枠組みが決まった大日本帝国憲法の施行（1890年）までは37年間です。そして、現在の大規模・集中型の国土や経済へと決定的に転換したのは、20世紀後半、1950年代から1970年代にかけての30年間でした。高度経済成長における本格転換期は1960年代です。しかし、その前の1950年前後から農地解放などの民主的な制度改革や朝鮮戦争による特需による戦後復興があり、転換に向けた準備や挑戦があり、1955年くらいから高度経済成長が始動したのです。

持続可能な地域社会を目指すにあたって、かつての1960年代に相当する本格転換期時代は、2030年代となることでしょう。いまから2020年代にかけての10年余り、いかによい準備や挑戦ができるかが成功の鍵となります。どうしても未来論は、抽象的かつ拡散的な議論になりがちなので、具体的な圏域（循環自治区・定住循環圏）における具体的な拠点・ネットワーク構成（小さな拠点・広域ハブ拠点）、そして具体的な組織（地域マネジメント法人）や人材（グリーンマネージャー・地域マネージャー）を相互に連携させ、検討を進めることが大切です。

さて、**2010年代は転換準備期**として、望むべき未来像（＝定住循環圏プラン）を共有し、分野・地域・時期を横断した総合的な研究プロジェクトを展開したいものです。そうした総合研究チームは、そのまま、各地方ブロックで持続可能な地域社会に向けた実践的な総合研究を展開する連合大学院などに組織化されてもよいと思います。また、この時期は、転換の必要性把握のための基礎的なデータ分析（たとえば、旅客・貨物フロー）や現状の制度上の課題（たとえば、FIT制度）をすばやく行い、人材育成等早期に着手すべき項目を先行して進めていきます。

2020年代前半は、一番基礎的な循環型社会の単位、「循環自治区」を中心に果敢な先行モデルを各地で社会実験していく**転換挑戦期**です。同時に今後実現していくさまざまな先端技術の現地試行を行い、実践的に役立つ技術体系としての選択や組み合わせを検討すべきです。そして、循環型社会の出発点となる森林や農地などの環境資源について体系的な調査や管理をスタートする時期に当たります。こうした現場での実践的検討を通して得られた成果と課題を現場配置の人材同士のネットワークで創発的につなげていきます。

そして2020年代後半は、現場発のノウハウや新たな文明構想を活かし、普及段階へ進む**転換始動期**です。2020年代前半の幅広い実験や試行のなかから、各地区の特色や可能性を鑑みて選び取られた枠組みと手法に基づき、2050年代までの地域・国土・インフラ・人口移動等の長期構想やデザインを展望したうえで、まず最も基礎的で住民に近い存在である循環自治区から先行普及モデルを全国に広げていきます。同時に2020年代の終わりには、循環自治区をさらにつないだ循環圏である定住循環圏の形成プランにも着手します。

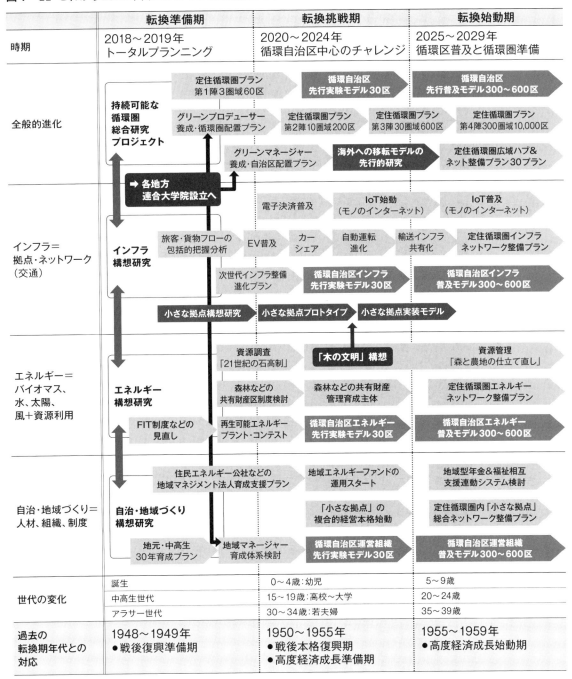

図7-11 これから2020年代にかけての転換構想プラン

2030年代から2050年代にかけての転換プラン

　2030年代は、**本格転換期**です。循環自治区形成という「裾野」の広がりをもとに、地方都市圏に相当する定住循環圏をその中心部も含めて構築していきます。インフラもエネルギーも自治・地域づくりも、部門間のマッチングに留意しながら、循環自治区内の仕組みからより広域の多重循環系の交流のなかで相互にリンクし、都市と農山漁村をつなぐパートナーエリアとして共生していく進化をみせるでしょう。

　この時代には、定住循環圏の中心部に整備するマルチコア部分のインフラやエネルギーに関する技術実証も進むでしょう。また、そうした多重の循環圏の成立プロセスにおいて、改めてインフラ・エネルギー・自治などの各部門間のマッチング調整も重要となります。もう一つ忘れてはならないことは、このような日本国内における持続可能な地域社会の本格転換の新鮮なノウハウを海外への移転モデルとして、開発・実証していくことです。日本だけが持続可能となっても、地球環境全体の問題は解決しないからです。

　2040年代は、定住循環圏の先行形成を受けて、さらに広域の地方ブロック単位での相互リンクのあり方を進化させていく**転換成熟期**です。同時に、同じように持続可能な地域社会構造を目指している海外へも、必要な技術移転などが速やかに展開できるようなインターローカルな「先行投資」を進めていきたいですね。この時期になると、早い時期から営々と進めてきた人材や資源の育成も、次第に「収穫」の時期を迎えることでしょう。たとえば、2020年代前半に高校生・大学生だった世代は、2040年代には30代後半にさしかかり、地域社会の中軸として活躍す

ると共に、次世代の再生産を始めています。森林資源についても、樹種や樹齢構成の最適化が進み、より広範な木材利用やバイオマスエネルギー活用の可能性を広げていることでしょう（＝「木の文明」）。

　2050年代は、**安定波及期**です。循環自治区と定住循環圏のみならず、各ブロック単位あるいは相互の柔軟なリンクが広がり、循環のフローも二重、三重となって安定度を増していきます。海外への地域社会システム全体としての技術移転も進むなか、海外も含むインターローカルで地域社会同士が進化する時代となるでしょう。そうした地球規模の交流を基に、人材育成もグローバルな連合大学院をプラットフォームとしたものになっていきます。

　このように、今後の1世代・30年にわたる持続可能な地域社会への転換を展望するとき、最も犯してはいけない誤りは、現時点の価値観・発想・技術水準を固定的に考えて、未来像を構築することです。

　これからの30年、交通インフラ分野を例にとっても、単に電気自動車や自動運転になるとかにとどまらず、車両も倉庫も情報も決済もすべて連動した共有システムのなかで最も効率的なソリューションをリアルタイムで実現する時代が来ることでしょう。エネルギー分野においても、圧倒的に熱効率の高い分散型の熱電同時供給に移行していきます。

　いまの高校生が大人になるこれからの30年、持続可能への30年に是非したいものです。そうした世代を超えた地域社会の持続性・可能性を示してこそ、初めて、「ここで一緒に暮らそう！」と確信をもって定住を呼びかけることができるのではないでしょうか。

図 7-12 2030年代から2050年代にかけての転換構想プラン

	本格転換期	転換成熟期	安定波及期
時期	2030～2039年 循環圏の本格形成	2040～2049年 循環圏の普及とブロック進化	2050～2059年 インターローカルで相互進化
全般的進化	循環自治区 普及モデル10,000区 定住循環圏 先行実験モデル30エリア 定住循環圏広域ハブ＆ ネット整備プラン100プラン 海外への移転モデルの継続的開発と先行実証	地方ブロックハブ拠点＆ ネット整備プラン 定住循環圏広域ハブ＆ ネット整備200プラン 定住循環圏 先行普及モデル100エリア 海外への移転モデルの 包括的研究	地方ブロック完成モデル 定住循環圏 普及モデル200エリア グローバル連合大学院
インフラ＝ 拠点・ネットワーク （交通）	定住循環圏インフラ 先行実験モデル30エリア 地方都市中心部 マルチコア技術開発	地方ブロックインフラ 整備リンクプラン 定住循環圏インフラ 先行普及モデル30エリア	地方ブロックインフラ リンク完成モデル 定住循環圏インフラ 普及モデル200エリア
エネルギー＝ バイオマス、水力、 太陽光省エネ	定住循環圏エネルギー 先行実験30エリア マルチコア・ エネルギープラント開発	資源管理「森と農地の仕立て直し」 地方ブロックエネルギー リンクプラン 定住循環圏エネルギー 先行普及モデル30エリア	地方ブロックエネルギー リンク完成モデル 定住循環圏エネルギー 普及モデル200エリア
自治・地域づくり＝ 人材、組織、制度	定住循環圏コミュニティ 相互交流先行実験モデル30エリア 都市・農山漁村パートナーエリア制度展開	地方ブロックコミュニティ 交流リンクプラン 定住循環圏コミュニティ相互交流 先行普及モデル30エリア	地方ブロックコミュニティ 交流リンク完成モデル 定住循環圏コミュニティ 相互交流普及モデル200エリア
世代の変化	10～19歳 25～34歳 40～49歳	20～29歳 35～44歳 50～54歳	30～39歳 45～54歳 60～64歳
過去の 転換期年代との 対応	1960～1969年 ●高度経済成長本格期	1970～1979年 ●高度経済成長円熟期 ●オイルショック ●低成長時代へ	1980年～ ●低成長時代 ●バブル期

（部門間マッチング／海外も含めた相互交流により進化するステージへ）

ここがポイント！

人生100年時代です。2020年に50歳の方は、2050年に80歳。自分たちの老後のためにも、現在の「束の間の豊かさ」に開き直らず、未来に生きたいですね。

おわりに
──ゆっくりとつながっていく時代、主人公は地域住民

　ここまで、地域経済循環について、深刻な所得の流出状況から始まり、全国的な分析プロジェクトの紹介、暮らしと密着した家計調査の意義、食料とエネルギーの地産地消、地域での取り組み体制、より広範な地域内における連結決算のあり方、そして循環の経済へと進化する今後30年の見通しと、8章にわたり書き進めてきました。

　いかがでしたでしょうか。少しでも現場の住民や行政の方々に、今後の具体的な展望を開いていただけるものになっていれば幸いです。

　最後に二つだけ、お伝えしたいことがあります。

　ひとつめは、ゆっくりとつながっていく勇気です。

　20世紀後半の──いまとなっては空前絶後と思われる──経済成長は、私たちの時間と価値のモノサシを大きく変えてしまいました。まず、私たちは、待つことができなくなりました。とにかくすぐにたくさん手に入れないと満足できなくなったのです。もうひとつ、私たちは、周りの人々を思いやることができなくなりました。他人を出し抜いて、より早くより多くのものを得ようとするようになったのです。

　その結果、ひと握りのスーパーリッチが、地球上の富の半分近くを独占するといった本当にグロテスクな経済となっています。それだけの富がないと幸せになれないとしたら、それは暮らし方が間違っているのです。また、経済成長自体も、けっして無限に続くことはありません。そろそろ、地球と地域が与えてくれる恵みのなかで、慎ましく生きる時代です。

　改めてここまでの全8章を読んでみて確信したことがあります。それは、そんなにあせらなくても、他人を蹴落とさなくても、それぞれの地域社会のなかでゆっくりとつながっていけば、十分に幸せな暮らしを支える経済を創っていけるという事実です。この半世紀、中山間地域は、過疎に悩んできました。しかし、そこには、食料やエネルギーを自給できる力が宿っているのです。その力を少しずつ取り戻していけばよいのです。また、まだまだ息づいている人々のつながりをもとに、お互いの小さな力を紡いでいけば、介護のような難題にも解決の糸口が見えてきます。そして、みんなが可能性を共有して、じっくり1世代・30年かけて取り組めば、先行投資はけっして無駄にならず、持続可能な地域社会を次の世代に残すことができるのです。

　あとは、そこに暮らす仲間と、ゆっくりとつながっていく意志をともにできるかです。私たちの経済も社会も、結局は生態系と一緒です。一人勝ちはみんなが滅び、お互いに共生するものだけが生き延びていきます。私たちも、そろそろ、一番大切なことを自然に学ぶ時代が来ているように思うのです。

二つめは、主人公は住民でしかありえないという事実です。

　30年もの間、世代を超えた持続性に価値を見出し関わっていく存在は、ほかにいません。行政も研究者も、本当はそのくらいの長い目で地域社会を考えてほしいのですが、実際にはすべての役職にそうした姿勢を求めることはできないでしょう。

　やはり、腰を据えて、自分はここに住み続けよう。ここで老い、死んでいこう。そして、自分の子や孫に、少しでも住みやすい故郷を遺そう。そうした住民としての覚悟は、大切だと思います。

　また、特に中山間地域の住民のみなさんは、消費者であるだけでなく、農林漁業をはじめとする生産者、広大な農林地の所有者でもあります。もちろん、預貯金を持っている投資家でもあるわけです。ところが近年は、こうした住民＝消費者＝生産者＝所有者＝投資家というすばらしい五重結合が解体され、消費や生産を外部に依存するだけでなく、土地の所有権や預貯金の貸出先まで地域外に流出し始めています。ぜひ、自分たちこそ、消費・生産・所有・投資という地域経済の根幹を握っているという自覚と自信を取り戻してほしいと願っています。

　そして、この本でみなさんと共有したかったことは、単なる精神論や理想論としてだけではなく、地域住民が、目の前の個別の利益だけに惑わされず、長い目で分野を超えた地域ぐるみの全体最適を目指すとき、そこに持続可能な共通の利益が生まれ得るという事実なのです。

　どうか、持続可能性への30年を始めようではありませんか。

　確かに、いまの世の中は閉塞感が漂い、さまざまな限界が渦巻いています。ただ、どの地域社会も苦しい時代は、何度もくぐり抜けてきたはずです。だからこそ、現在があるのです。

　そうした先人の果敢な挑戦に、私たちの世代も負けることなく、一歩を踏み出したいものです。私たちがんばった記憶は、未来の危機に立ちすくむ人々にきっと勇気を与えるはずですから。

2018年1月
著者を代表して
藤山　浩

［謝辞］
　本書は、環境省第Ⅲ期環境経済の政策研究（低炭素・循環・自然共生の環境施策の実施による地域の経済・社会への効果の評価について）の成果を中心として、共同研究チーム各員の独自成果を加え、執筆・編集したものである。
　ここに記して、謝意を表する。

用語解説 (五十音・アルファベット順)

■オンデマンド型交通システム

定められた路線を走るバスなどの輸送手段に対して、住民の要望（デマンド）に沿ってドア・ツー・ドアの移動を実現する新しい乗合タクシーサービスのこと。特に過疎地域での次世代の交通のあり方として注目されている。

■経済センサス

総務省統計局が実施する調査で、事業所および企業の経済活動の状態とわが国における包括的な産業構造を明らかにするとともに、事業所・企業を対象とする各種統計調査の実施のための母集団情報を整備することを目的としている。

■コーホート変化率法

地域人口の推計によく使われる手法のひとつ。「コーホート」とは、同じ年（または同じ期間）に生まれた人々の集団を指す。コーホート変化率法は、同期間（例えば5年間）に生まれた集団（コーホート）の人口の変化率が今後も継続するものとして、将来人口を推計する手法である。必要とするデータは、基準年における5歳刻みの男女・年齢別人口と通常5年前の男女・年齢別人口のデータだけなので、住民基本台帳などのデータで毎年更新することができる。出生数は、基準年における20～39歳の女子人口と0～4歳の幼児人口の比率が今後も一定であると仮定して推計する。U・Iターンなどの増加をモデルに組み入れることも可能だ。

大規模地域に利用される「コーホート要因法」にくらべて、小地域や市町村での人口推計に適しているといえる。

■コジェネレーション

熱源より電力と熱を同時に生産し供給するシステムの総称であり、「コジェネ」あるいは「熱電併給」とも呼ばれる。

■個人所得指標

株式会社ゼンリンジオインテリジェンスが発行。総務省データをもとに、地域の所得水準を指標化している。

■産業連関表

経済を構成する各産業部門は互いに密接な関係を結びながら生産活動を営んでいる。この異なる産業部門における財・サービスの「購入→生産→販売」という連鎖的なつながりを、さまざまな統計データを使って表現したのが産業連関表である。国や地方レベルで定期的に作成されているが、多額のコストがかかることや、政令指定都市より下のレベルでは統計的な誤差が生じやすいことから、小さな地域での経済分析には不向きである。

■資金フロー

資金の流れのこと。

■住宅・土地統計調査

総務省統計局が5年ごとに実施し、わが国の住宅とそこに住む世帯の居住状況、保有する土地などの実態を把握し、その現状と推移を明らかにするための調査。

■旬産旬消

ハウス栽培などの農業の装置化と全国・世界からの食品の移入・輸入によって、スーパーマーケットの店頭には年中、あらゆる食材が並んでいる。これに対して、なるべく地域内の農作物で食生活を営もうとすれば、おのずとその地域の季節の食べものが中心になる。つまり「旬産旬消」と「地産地消」は裏腹の関係にある。

■世帯の扶養

本書では「扶養家族」というときのような個人レベルではなく、地域としてどれだけの世帯の生活を支えるだけの経済力をもっているかをさしている。

■全体最適

企業のマネジメントの用語。企業のそれぞれの人や部署が個別に業務の改革・改善の努力をすると、「部分最適」の追求になってしまい、企業全体としてはマイナスにはたらくことも少なくない。これに対して全体の状況をより改善する方向を追求することが全体最適であり、本書ではこれを地域づくりにあてはめて考えている。

■田園回帰

欧米の先進国と違って、首都圏への人口集中が依然として続いているわが国だが、近年、新しいタイプの農山村への移住者も目立つ。かつて農山村への移住者には60代の「定年帰農」が多かったが、近年はこれに加えて、20代男女や、30代夫婦と子供といった子育て世代のIターン・Uターンが増えてきた。こうした人たちの多くは地方都市周辺など「田舎の都会」ではなく、「田舎の田舎」とでもいうべき山間部や離島を志向する。その結果、一見過疎化が真っ先に進みそうな山間部や離島で社会増を実現している地域も少なくない。

こうした「田園回帰」の背景には、暮らしのすべてを消費によってまかなう都会の暮らしから、人や自然とつながる農山村の暮らしへの価値転換がある。

■要介護度

介護保険の給付を受ける場合に、被保険者は日常生活において介護を受ける度合を審査する要介護認定を受けなければならない。要介護度は1～5の5段階に区分され、数字が大きいほど介護を要する度合が高い。

■FIT

「再生可能エネルギーの固定価格買取制度」（Feed-in Tariff：FIT）とは、太陽光や風力、木質バイオマスといった再生可能エネルギーで発電した電気を、国が決めた価格で買い取るよう、電力会社に義務づける制度のこと。わが国では2012年7月1日、再生可能エネルギー特別措置法の施行によって、本格的にスタートした。

■LM3

地域内乗数3と訳される経済活動や企業・事業の域内循環度を測る指標。この数値が高くなるほど、域内循環度が高く、地域内でおカネが回っているといえる。詳しくは序章第4節、第1章第6節、第4章第2節参照。

■IoT

Internet of Things（モノのインターネット）。パソコンやスマートフォンといった情報通信機器にかぎらず、すべての「モノ」がインターネットにつながること。IoTは生活やビジネスを根底から変えるといわれている。

■PKS

Palm Kernel Shellの略称。アブラヤシから食用油を製造するときに発生する残渣。ヤシ殻のこと。バイオマス発電では燃料の確保が課題となるが、大量のPKSを輸入することで、大型バイオマス発電所の建設が可能となった。2013年以降、インドネシアやマレーシアなどからのPKSの輸入量は急増している。

著者紹介 (執筆順)

藤山 浩　ふじやま・こう……はじめに　序章　第1章　第3章　第6章　第7章
（編著者紹介欄参照）

有田昭一郎　ありた・しょういちろう……第2章
島根県中山間地域研究センター地域研究スタッフ主席研究員。1969年熊本県生まれ。鳥取大学大学院連合農学研究科博士課程退学。おもな研究分野は地域運営組織、住民組織の経済事業、定住条件と家計・暮らし、地域経済循環。おもな著書・論文『中山間地域の「自立」と農商工連携』（共著　新評論　2009年）、『島根県中山間地域の子育て世帯の家計支出構造の特徴と効果的な支援方策の研究』（中山間地域研究センター研究報告 7～10号　2011～14年）、『地域運営組織における経済事業の役割と展開条件』（都市問題vl.108 pp77-88　2017年）など。

豊田知世　とよた・ともよ……第4章 第1節、第2節、第3節、第4節、第7節
島根県立大学総合政策学部講師。1981年岡山県生まれ。広島大学大学院国際協力研究科博士後期課程修了。人間文化研究機構総合地球環境学研究所プロジェクト研究員、国際協力機構JICA研究所リサーチアソシエイトを経て現職。専門は環境経済学、開発経済学、環境システム。おもな著書『Climate change mitigation and international development cooperation』（編共著　Routledge　2012年）、『アジア巨大都市：都市景観と水・地下環境』（共編著　新泉社　2011年）、『グローバライゼーションの中のアジア——新しい分析課題の提示』（共著　弘前大学出版会　2013年）など。

小菅良豪　こすが・よしたけ……第4章 第5節、第6節、コラム
林業作業員、一般社団法人持続可能な地域社会総合研究所専門研究員。博士（農学）。1978年滋賀県生まれ。鳥取大学大学院連合農学研究科博士課程修了。専門は林業マネジメント、林業事業体経営、林業労働。おもな論文「岡山県北部における素材生産業者の地域特性とマネジメント戦略」『林業経済研究』2015年7月、「森林経営計画制度における計画策定の進捗条件―素材生産業者の参入の意義と可能性」『林業経済研究』2016年7月。

重藤さわ子　しげとう・さわこ……第5章
東京工業大学グローバルリーダー教育院特任准教授。PhD（英国ニューカッスル大学、農業・食料・農村発展学部）。1975年山口県生まれ。専門は地域資源論、地域再生と温暖化対策、研究開発評価・マネジメント。おもな著書・論文『地域の生存と社会的企業』（共著　公人の友社　2007年）、『地域が元気になる脱温暖化社会を！ －「高炭素金縛り」を解く「共－進化」の社会技術開発』（共著　公人の友社　2014年）、「分野横断・「共－進化」型研究開発プログラムマネジメントとその検証」（共著　国際P2M学会誌　10-No.2　2016年）など。

編著者

藤山 浩 ふじやま・こう

一般社団法人持続可能な地域社会総合研究所所長。博士（マネジメント）。1959年、島根県生まれ。一橋大学経済学部卒業。広島大学大学院社会科学研究科博士課程修了。広島県立高等学校教諭、㈱中国・地域づくりセンター主任研究員、島根県中山間地域研究センター研究統括監、島根県立大学連携大学院教授などを経て、2017年4月、持続地域総研を設立、現職に。主著は『田園回帰1％戦略』（2015年　農文協）。ほかに著書として、『これで納得！　集落再生――「限界集落」のゆくえ』（共著　ぎょうせい　2011年）、『地域再生のフロンティア』（共編著　2013年　農文協）、『世界の田園回帰』（共編著　2017年　農文協）などがある。島根県益田市の中山間地域の集落に居住し、暖房や風呂に薪を愛用している。

図解でわかる　田園回帰1％戦略
「循環型経済」をつくる

2018年3月25日　第1刷発行
2021年6月5日　第3刷発行

編著者　──────　藤山 浩

発行所　──────　一般社団法人　農山漁村文化協会
　　　　　　　　　〒107-8668　東京都港区赤坂7-6-1
　　　　　　　　　電話＝03-3585-1142（営業）　　03-3585-1144（編集）
　　　　　　　　　FAX＝03-3585-3668
　　　　　　　　　振替＝00120-3-144478
　　　　　　　　　URL＝http://www.ruralnet.or.jp/

ISBN978-4-540-17108-6　〈検印廃止〉
©Ko Fujiyama 2018 Printed in Japan

造本・DTP　───　島津デザイン事務所
印刷・製本　───　─凸版印刷㈱

定価はカバーに表示
乱丁・落丁本はお取り替えいたします。

series 田園回帰 全8巻

「地方消滅」のイメージとは裏腹に、
いま都市から農山村へ、それも「田舎の田舎」への若い世代を含めた移住の動きが目立っている。
この「田園回帰」の動きを明らかにするとともに、農山村が移住者を含めて
どのように仕事や地域をつくっていくかを、その担い手の価値観や生き様を含めて描く。
さらにそれらを地区や自治体で戦略化する手順を示し、「都市農山村共生社会」を展望する。

第1巻
田園回帰1％戦略

藤山浩 著

毎年人口の1％だけ定住者を増やせば、地域は安定的に持続可能。その仕事を生み出す地域内循環の強化による所得の取戻し戦略も提案。

第2巻
総力取材 人口減少に立ち向かう市町村

『季刊地域』編集部 編

I・Uターンの受け入れ、地元出身者との関係づくりなど、先進地域の戦略と組織を自治体と地域住民の両面からレポート。

第3巻
田園回帰の過去・現在・未来

小田切徳美・筒井一伸 編著

移住者受け入れの先発地域の分析や全国の移住者からの聞き取りなどに基づき、移住のハードルを乗り越え、新しい地域づくり道を展望する。

第4巻
交響する都市と農山村

沼尾波子 編著

都市と農山村を往来する若者の新しい生き方。それを支えるNPOや行政の取り組みなどから、都市と農村の連携・交流のあり方を問う。

第5巻
ローカルに生きる ソーシャルに働く

松永桂子・尾野寛明 編著

田舎に移り住むだけではなく、地域の課題にこたえる仕事をつくる人々の生き方・働き方を、都会での場づくりの動きとあわせて描く。

第6巻
新規就農・就林への道

『季刊地域』編集部 編

第三者継承、集落営農や法人への雇用など、多様化する新規就農・就林の形。農林業と地域の担い手を育てるポイントを「里親」農家などが解説。

第7巻
地域文化が若者を育てる

佐藤一子 著

遠野の昔話、飯田の人形劇、庄内の食……地域文化を子どもや若者がどう引き継ぎ、田園回帰志向がどのように生まれているかを問う。

第8巻
世界の田園回帰

大森彌・小田切徳美・藤山浩 編著

フランス、ドイツ、イタリア、英国、オーストリアなど11ヵ国の動きをとらえ、日本の田園回帰の課題を浮き彫りにするシリーズ総括編。

A5判並製　平均230頁　各巻＝本体2200円＋税　セット価＝本体17600円＋税